Qu'en pensez-vous ?

Ecriture critique et sociale

is

**Harcourt
College Publishers**

A Harcourt Higher Learning Company

Now you will find Holt, Rinehart & Winston College's distinguished innovation, leadership, and support under a different name . . . a new brand that continues our unsurpassed quality, service, and commitment to education.

We are combining the strengths of our college imprints into one worldwide brand: Harcourt

Our mission is to make learning accessible to anyone, anywhere, anytime—reinforcing our commitment to lifelong learning.

We are now Harcourt College Publishers. Ask for us by name.

One Company
**"Where Learning
Comes to Life."**

www.harcourtcollege.com
www.harcourt.com

Qu'en pensez-vous ?

Ecriture critique et sociale

Amanda W. Brooks

Sini Prosper Sanou

Holt, Rinehart and Winston
A Division of Harcourt College Publishers

Fort Worth   Philadelphia   San Diego   New York   Orlando   Austin   San Antonio
Toronto   Montreal   London   Sydney   Tokyo

Publisher	Phyllis Dobbins
Acquisitions Editor	Pam Hatley
Developmental Editor	Pam Hatley
Project Editor	Laurie Bondaz
Art Director	Garry Harman
Production Manager	Angela Williams Urquhart

Cover credit: Jean Hélion, *Untitled,* 1934

ISBN: 0-15-506945-4
Library of Congress Catalog Card Number: 99-069541

Address for Domestic Orders
Harcourt College Publishers, 6277 Sea Harbor Drive, Orlando, FL 32887-6777
800-782-4479

Address for International Orders
International Customer Service
Harcourt, Inc., 6277 Sea Harbor Drive, Orlando, FL 32887-6777
407-345-3800
(fax) 407-345-4060
(e-mail) hbintl@harcourtbrace.com

Address for Editorial Correspondence
Harcourt College Publishers, 301 Commerce Street, Suite 3700, Fort Worth, TX 76102

Web Site Address
http://www.harcourtcollege.com

Printed in the United States of America
0 1 2 3 4 5 6 7 8 039   9 8 7 6 5 4 3 2

Harcourt College Publishers

Table des Matières

Instructor's Preface

Qu'en pensez-vous ? : Ecriture critique et sociale is an advanced textbook for teaching writing in French. It combines writing process theory, cognitive strategy research, schema theory, sociolinguistic and cultural analysis, collaborative and peer work, and a learner-centered approach to present a radically different program for the fourth- or fifth-semester French course. *Qu'en pensez-vous ? : Ecriture critique et sociale* approaches writing as both an individual and a social act.

AUDIENCE

This textbook targets advanced students of French who are interested in focusing on the development of their reading and writing proficiencies. We believe that writing skills and critical thinking skills comprise the most important areas of skill acquisition for student success in upper-level courses. Although most textbooks at this level teach reading and writing through literary texts, we recognize that there are students who are interested in French but who do not intend to pursue a literary major. For these students in particular, we address their interests in the world around them by offering current journalistic texts. For those students planning to continue with a major in French literature, we strongly believe that this textbook is appropriate preparation for the advanced levels, because of its emphasis on critical reading and writing.

FOCUS ON WRITING

Writing practice is the dominant area of interest and focus for this textbook. Sociopolitical perspectives of writing construct the student writer as an insider, a producer of knowledge, and a unique combination of subjectivities. Advocates of sociopolitical perspectives (e.g., Katz and Roskelly 1991; Kincheloe and Steinberg 1998; Bizzell 1992) seek to teach students, both writers and readers, to become aware of how what they are reading is colored by the author of the text, and how what they are writing is biased by their own subjective, intuitive, interpretative and personal ways of knowing.

Although this textbook is not a literary reader, we believe that it does prepare students for success in all upper-level courses, including literature courses, because of its focus on writing skills and critical thinking. In particular, writing provides practice for foreign language learners to express themselves in a controlled medium, where time is on their side. Moreover, by focusing on students' foreign language academic writing skills, we may be improving their writing skills in other areas as well (Kubota 1998; Uzawa 1996; Kern 1994; Koda 1993; Cummings 1989; Jones and Tetroe 1987; Mohan and Lo 1985; Gass and Selinker 1983).

We believe strongly in a process approach to writing. Current research on attention and cognitive processing (Kern 1994; Cohen 1995; Friedlander 1993; Takano and Noda 1993) has helped to shape our approach to a multiphased writing process. This design allows students to focus maximum attention on each aspect of writing in a foreign language: generating ideas, planning, translating ideas into words, revising, and editing (Flower and Hayes 1981). Each chapter moves the students through two separate writing processes: On the one hand, they individually develop their own compositions for each chapter topic; on the other, they collaboratively prepare a group composition on the topic in class. The experience of each writing process should inform the other, and we expect a flow of interaction between the two writing tasks over the course of each chapter. We believe that, through the collaborative writing activities, students will become aware of writing as a social act and of knowledge as socially constructed.

FOCUS ON READING

In a similar fashion, we have adopted a process approach for foreign language reading. The reading practice concentrates on developing successful reading strategies by offering students short, journalistic pieces, embedded in clear, directed activities for good foreign language reading practices. Our suggestions for how students should go about engaging foreign language reading have been directly informed by current second language acquisition research on the topic (Arens, Byrnes, and Swaffar 1991; Bernhardt 1991). Therefore, the approach is one that heavily emphasizes pre-reading preparation, schema theory, intensive and extensive readings (with bottom-up and top-down strategies), and post-reading tasks where the students create their own interpretations of the text. It is in this last step that reading is linked back to writing.

FOCUS ON TRANSFERABLE SKILLS

We find that most student problems on the upper level stem from enormous challenges in two areas: 1) working in a target language with limited proficiency, and 2) producing well-organized academic writing. At the advanced level, student problems in writing itself tend to reflect areas of weakness in a student's overall level of writing competence (Krashen 1984): lack of a clear organization, missing thesis, weak introductions and /or conclusions, insufficient supporting details, and lack of coherence and/or cohesion in the text. Moreover, these problems in foreign language writing often reflect the student's same problems in native language (L1) writing. There is an increasing body of research that suggests that cognitive strategies, like those involved in writing, are transferable across languages (Kubota 1998; Uzawa 1996; Scott 1996; Whalen and Ménard 1995; Kern 1994; Koda 1993; Moragne e Silva 1991; Carson et al. 1990; Skibniewski 1990; Cumming 1989; Jones and Tetroe 1987; Raimes 1987; Dvorak 1986; Mohan and Lo 1985; Gass and Selinker 1983; Lay 1982; Edelsky 1982). Therefore, the implication is that students transfer strategies, both good and poor, from L1 writing to foreign language writing. The goal, then, is to increase the extent to which good strategies are indeed transferred and to replace poor strategies with good strategies through explicit instruction. The hope is that good strategies acquired in the foreign language classroom would then be transferred to L1 writing experiences.

FOCUS ON CRITICAL THINKING

Although many problems in foreign language are linked to grammar and/or writing competence, others arise when a student has not critically examined what he/she wants to say. Critical to the conceptualization of this textbook is the challenge to students to explore their own ideas, the sources of these ideas, the correspondence in their own lives between what they do and what they profess, and the influence of broad cultural norms on their own thinking. We expect them to engage in dialogue with each other and with themselves through writing. By having them critically examine their own assumptions at the same time that they examine those of another culture, we believe that they will be better able to come to an understanding of cultures, the target culture and their own culture. This understanding should in turn be the basis of their essays, providing them with a critical analysis based on at least one reading text.

We find that one is always and inevitably learning about the target culture when learning the target language and that the challenge in the target language is to be both linguistically and culturally appropriate. In fact, Savignon (1983) ahs specified four competencies (grammatical, strategic, discourse, and sociolinguistic) that are needed for full target language proficiency, where sociolinguistic appropriateness is as important as grammatical accuracy. We recognize that as students confront the reading texts presented (**Lectures I** and **II**) and that they themselves choose (**À vous de choisir !**), their problems in comprehension may be due to cultural issues rather than to the grammar or the vocabulary. For these readings, we have provided specific strategies for dealing with unknown referents in a text, offering a different approach from most textbooks where critical thinking about the target and native cultures is generally not addressed. The experience gained from these readings should prepare students well with the analytical skills needed for upper-level coursework or for the workplace.

SCOPE AND SEQUENCE

The textbook comprises six chapters, each with the same four-part design, to be taught over two-week periods. Each chapter opens with an *investigation phase* in which a brainstorming section (**Remuons le sujet !**) leads students to generate ideas on the topic and retrieve whatever background or world knowledge they have on the topic. Their ideas are then elaborated and shared. Next, in the *thematization phase* (**Thématisons !**), students engage in a critical discussion and dialogue of their own opinions on the chapter's topic. They then read the selected texts on the topic and discover current articles from magazines, newspapers, and/or the Internet (**Renseignons-nous !**). This phase guides students to connect their newly discovered themes with concrete knowledge gained from the investigation phase. In the last phase, *problematization,* students construct two compositions, one individually and one collaboratively with the class as a whole (**Problématisons !**), where they are challenged to consider critically the topic at hand. They write, rewrite, and revise drafts of their essays using constructive feedback from their peers and from the instructor.

The activities in the first section, **Remuons le sujet !**, ask students to begin to think about what opinions they already hold on the chapter's topic. As students move through an exploration of their background knowledge, the questions posed challenge them to discover how they came about this knowledge and why they hold the assumptions that they do. We believe that analytic writing can come only from this type of critical engagement with one's own thinking. Thus, students begin each chapter with a brainstorming activity, where they retrieve ideas from their memory stores in either the L1 or in French. We have found (as supported by Friedlander, Kobayashi and Rinnert, Takano and Noda, Uzawa) that foreign language learners are better able to generate ideas when allowed to engage freely in the L1. Although this finding seems to be true generally, we feel that it is especially important to allow students to use their L1's when working in this textbook because given the journalistic, worldview nature of the topics, students are likely to have only L1 memories or views on these topics. The goal, however, is to *create* moments within this course design where they will have the opportunity to engage in critical thinking about these topics, probably for the first time, in French. Therefore, we not only allow but encourage L1 brainstorming. We have included specific guides for using both monolingual French and bilingual dictionaries and for helping students augment their French vocabulary by transferring ideas from L1 to the French. Then we challenge them to do several things: first, to engage in a critical review of their edeas, then to bring some broad levels of organization to those ideas, and then later, to impose a much more focused level of organization. We encourage the sharing of ideas and the use of peer correction and editing at all phases of the process, here in brainstorming and later in the actual composing phases of the chapter.

In the **Thématisons !** section, we challenge the students to engage in critical reflection and discussion about the questions and topics raised during the brainstorming phases of the chapter. We begin by having the students describe to their partners episodes from their own experiences related to the topic at hand (**Description**). They are required to describe in detail the event as well as their own feelings and attitudes about the event at that time. Although this course does focus on reading and writing, it is important that speaking and listening skills be maintained; therefore, we work in a certain number of pair and small-group activities to encourage FL oral/aural practice. At the end of this activity and at the end of all these subsections, we offer **Questions à considérer**, where students are challenged to reflect on whether their own experience supports their stated ideas/opinions on the chapter topic. Specifically, we ask how they put their beliefs on the topic into practice, and more to the point, if they in fact do so. The point is to have the students engage in critical thinking and critical analysis of their own thinking so that they can better understand their own culture and the target culture. In the next subsection, called **Information**, we have the students reflect on the descriptions they have given. Using French language prompts, they complete statements about their opinions on the topic. Then in a subsection called **Confrontation**, we encourage students to confront their positions, beliefs, and assumptions. Again in **Questions à considérer**, we ask them to consider the origin of their ideas; what these ideas reflect; what informs, supports, and encourages their ideas; and what contradicts, challenges, and refutes their ideas. Finally, in **Reconstruction**, we ask them to synthesize the whole experience by writing a summary of their thinking on these questions.

The third section of each chapter (**Renseignons-nous !**) provides readings in French. It is at this point, after having students delve into their own stores of ideas and analyze them, that we introduce new material. All of the texts for this section have been chosen from current, mainstream periodicals in francophone cultures. We have tried to represent a variety of views on the topic as it affects life in francophone countries. But in order to raise the level of critical introspection, we have also included texts in French about the United States that relate to the chapter topics. We believe that as we expose the students to current cultural topics in French, it is important to present how they themselves are often perceived in francophone cultures. A combination of these perspectives provides students with a basis for analytical judgments about how opinions are formed and held, thus reflecting again on their own views. Although we provide a certain number of background texts and current positions of the topics, in each chapter students will find information boxes about how they can find their own readings on the issues. We believe students should have a role in determining which texts they read and should take some responsibility for their own learning process (Oxford 1990). We hope that, where available, students will use the Internet to bring in the most current information on these topics, and we encourage all students to use print materials (magazines, newspapers) as available to supplement the readings. We challenge students to question and investigate references to people, places, laws, events, etc. and provide tips on finding information in most library resources.

As post-reading activities, we provide general comprehension questions to ensure top-down, extensive reading of the texts. Then we follow with bottom-up, intensive reading activities, focusing on vocabulary, idiomatic expressions, and specific unknown cultural information. Then we ask students to summarize their readings and to respond to questions of tone, audience, and point of view. Although the texts are not literary in nature, they still provide essential practice in identifying those aspects of a text and understanding cultural information so critical for reading any complex text.

The subsection called **Dialogues** organizes class discussions of the reading texts in concert with the terms generated during the **Thématisons !** phase and the issues uncovered by students through their individual investigative endeavors in the **Renseignons-nous !** phase. The primary aim is to broaden the ideological scope of the students' critical thinking, reading, and writing capacities so as to empower them to make autonomous judgments on ideological positions in general and on specific issues in particular. First students find and agree upon the clearly given facts; then they look at how the tone is established, leading into an examination of how vocabulary and grammar are at the service of meaning. There is no formal review of grammar accompanying this textbook: Our philosophy of teaching grammar at this level is to link its discussion to attempts by students to express their own ideas. We find that this view of grammar allows for the attention these questions deserve, but on an individualized basis in response to whatever student problems arise. Once the students, as a group, have generally agreed upon possible interpretations of the text, we ask them to take a position, based on what they have read and on the pre-reading work done in class. To do so, we ask them to engage in a free-writing task. The free-writing tasks are inspired from techniques in English composition: Here, the students are to write in

French without stopping or lifting the pen for five minutes. Next, they take their free-writing text and consider how to organize the ideas generated. Finally, they share their positions in small groups, establishing "for" and "against" categories for the class as a whole.

The fourth section of each chapter, **Problématisons !**, moves students beyond speculation about the topic under study. It opens the actual composing phase as well as a phase of problem-posing about both the content and the form of their developing compositions. Based on information from the readings, the free-writing activity, and class notes, each student individually composes an essay on the topic. In class, all students engage in a peer correction activity, where they analyze the argument, the organization, and finally the grammar in each other's compositions. We provide very specific instructions for the peer corrections, in the hope that students will take away from the experience skills and strategies for self-correcting in the future. Then, we expect students to revise their essays for organization, coherence, and grammatical accuracy.

Meanwhile, in class, the group as a whole works on its collaborative essay on the same topic. In this essay, the class addresses questions based on widely held cultural norms, whereas in their individual essays, each student has the opportunity to explore his/her personal views. Again, specific instructions for managing a collaborative essay are given. For those with access to computers in the classroom, a collaborative writing program would prove quite helpful in managing the logistics of presenting, merging, and editing student contributions to the group essay. In order to write an essay collaboratively, students begin working in small groups and then move progressively to working as a whole class. This group essay, led by the instructor, should also serve as a model of the levels of organization, coherence, and argument development expected in advanced analytic writing.

Therefore, this model of learning to write by engaging in a multiphase writing process that expects the revisiting and rewriting of an essay many times should help students form appropriate notions about what is involved in advanced FL writing and give them specific training for undertaking the task. We expect that students using this textbook program will be well prepared to enter an introduction to/survey of literature course, confident in their knowledge of how to read a sophisticated text, in French, about how to reflect critically about that text, and about how to express clearly and appropriately those ideas in relation to and based on the text. We have found that these skills are the most important to determining a student's success in upper-level literature courses. Instead of a sampling of literary genres at this level, students using this textbook will be offered transferable reading and writing strategies and skills. Whether minors or continuing majors, students finishing this textbook will have been challenged to think critically and to examine what they have to say on current social issues. We believe that this approach responds not only to their interests but also to their needs in preparing them for success in any field.

References

Arens, Katherine, Heidi Byrnes, and Janet K. Swaffar. 1991. *Reading for Meaning: An Integrated Approach.* Englewood Cliffs, NJ: Prentice Hall.

Bernhardt, Elizabeth. 1991. Teaching literature or teaching students? *ADFL Bulletin* 26 (2):5.

Bizzell, Patricia. 1992. *Academic Discourse and Critical Consciousness.* Pittsburgh: University of Pittsburgh Press.

Carson, Joan Eisterhold, Patricia L. Carrell, Sandra Siberstein, Barbara Kroll, and Phyllis A. Kuehn. 1990. Reading-writing relationships in first and second language. *TESOL Quarterly* 24:245–66.

Cohen, Andrew D. 1995. In which language do/should multilinguals think? *Language, Culture, and Curriculum.* 8:99–113.

Cumming, Alister H. 1989. Writing expertise and second-language proficiency. *Language Learning: A Journal of Applied Linguistics.* 39:81–141.

Dvorak, Trish. 1986. Writing in the foreign language. In *Listening, Reading, and Writing: Analysis and Application,* edited by B. H. Wing. Middlebury, VT: Northeast Conference.

Edelsky, Carole. 1982. Writing in a bilingual program: The relation of L1 and L2 texts. *TESOL Quarterly* 16:211–28.

Flower, Linda, and John Hayes. 1981. A cognitive process theory of writing. *College Composition and Communication* 32:365–87.

Friedlander, Alexander C. 1993. Composing in English: Effects of a first language on writing in English as a Second Language. In *Second Language Writing,* edited by B. Kroll. New York: Cambridge University Press.

Gass, Susan, and Larry Selinker, eds. 1983. *Language Transfer in Language Learning.* Rowley, MA: Newbury House.

Jones, C. Stan, and Jacqueline Tetroe. 1987. Composing in a second language. In *Writing in Real Time,* edited by A. Matsuhashi. Norwood, NJ: Ablex.

Kern, Richard G. 1994. The role of mental translation in L2 reading. *Psychological Review* 87:215–51.

Kincheloe, Joe L., and Shirley R. Steinberg, eds. 1998. *Unauthorized Methods: Strategies for Critical Teaching.* New York: Routledge.

Kobayashi, Hiroe, and Carol Rinnert. 1992. Effects of first language on second language writing: Translation versus direct composition. *Language Learning* 42:183–215.

Koda, Keiko. 1993. Transferred L1 strategies and L2 syntactic Structure in L2 sentence comprehension. *The Modern Language Journal* 77:490–500.

Krashen, Stephen D. 1984. *Writing: Research, Theory, and Applications.* Oxford: Pergamon Institute of English.

Kroll, Barbara, ed. 1990. *Second Language Writing: Research Insights for the Classroom.* New York: Cambridge University Press.

Kubota, Ryuko. 1998. An investigation of L1-L2 transfer in writing among Japanese university students: Implications for contrastive rhetoric. *Journal of Second Language Writing* 7:69–100.

Kutz, Eleanor, and Hephzibah Roskelly. 1991. *An Unquiet Pedagogy: Transforming Practice in the English Classroom.* Portmouth, NH. Boynton/Cook.

Lay, Nancy Duke S. 1982. Composing processes of adult ESL learners. *TESOL Quarterly* 16:406.

Mohan, Bernard A., and Winnie Au-Yeung Lo. 1985. Academic writing and Chinese subjects: Transfer and developmental errors. *TESOL Quarterly* 19:515–34.

Moragne e Silva, Michele L. 1991. *Cognitive, Affective, Social and Cultural Aspects of Composing in a First and Second Language: A Case Study of One Adult Writer.* Doctoral dissertation. Austin, TX: University of Texas at Austin.

Oxford, Rebecca. 1990. *Language Learning Strategies: What Every Teacher Should Know.* Boston, MA: Heinle & Heinle.

Raimes, Ann. 1987. Language proficiency, writing ability, and composing strategies: A study of ESL college subject writers. *Language Learning* 37:439–67.

Savignon, Sandra. 1983. *Communicative Competence: Theory and Classroom Practice: Texts and Contexts in Second Language Learning.* Reading, MA: Addison-Wesley.

Scott, Virginia M. 1996. *Rethinking Foreign Language Writing.* Boston, MA: Heinle & Heinle.

Skibniewski, Leszek. 1990. The writing processes of advanced foreign language learners in their native and foreign languages: Evidence from thinking aloud and behavior protocols. *Papers and Studies in Contrastive Linguistics* 25:193–202.

Takano, Yohtaro, and Akiko Noda. 1993. A temporary decline of thinking ability during foreign language processing. *Journal of Cross-Cultural Psychology* 24:445–62.

Uzawa, Kozue. 1996. Second language learners' process of L1 writing, L2 writing, and translation from L1 into L2. *Journal of Second Language Writing* 5:271–94.

Whalen, Karen, and Nathan Ménard. 1995. L1 and L2 writers' strategic and linguistic knowledge: A model of multiple-level discourse processing. *Language Learning* 45:381–418.

Zamel, Vivian. 1987. Recent research on writing pedagogy. *TESOL Quarterly* 21:697–715.

To the Student

Qu'en pensez-vous ? : Ecriture critique et sociale actively engages you in various activities that foster your problem-solving and problem-posing skills in speaking, listening, reading, and writing in French.

WHAT IS PROBLEM SOLVING? WHAT DOES PROBLEM SOLVING HAVE TO DO WITH WRITING IN FRENCH?

The approach to writing advocated by *Qu'en pensez-vous ? : Ecriture critique et sociale* emphasizes the development of problem-solving skills. When we write, the writing process takes all of us through numerous phases, whether or not we realize it. The most common phases are information gathering, planning, idea generation, organizing, editing, and rewriting. These elements of the process do not operate independently: Sometimes, we follow the order just given; sometimes, we move around in the list—perhaps writing, then organizing, then finding new ideas, then rewriting. Regardless of our preferred styles for going about writing, we must also face the demands imposed on us by our working memory. It is here, in our working memory, that we synthesize what we already know in order to produce new knowledge. Dealing successfully with the multiple challenges of deciding what we know, what we want to say, and how we want to say it, involves problem solving. Finding solutions that overcome these challenges is what allows us to write a good paper. Learning French and writing in French also require problem-solving skills. *Qu'en pensez-vous ? : Ecriture critique et sociale* is designed to help you use good problem-solving skills to write good papers in French by: 1) expanding your repertoire of cognitive and social strategies; 2) fostering your understanding of the communicative functions of language through the use of writing; and 3) maximizing your ability to utilize these strategies and this understanding to write competently in French.

WHAT IS PROBLEM POSING? WHAT DOES PROBLEM POSING HAVE TO DO WITH WRITING IN FRENCH?

Each chapter of *Qu'en pensez-vous ? : Ecriture critique et sociale* engages you in an active, inquiring learning where you make meaning out of the subject matter under study rather than being told what you are to know about it. You are constantly urged to act as a problem poser, to view perspectives on the subject matter embedded in the readings and in classmates' discourses as historical constructs to be questioned rather than universal truths and standard knowledge. The entire process starts from your understanding of the subject matter, from your point of view, and moves you through various phases that help you develop an inquisitive stance toward your knowledge and experience as well as others' knowledge and experiences. You will learn to recognize that all knowledge is inevitably "interested knowledge" (or knowledge influenced by self-interest) and to ask critical questions about your own ideas, the sources of the texts you are reading, the intentions or interests of the authors of the texts, and the nature of the knowledge presented to you.

WHAT THEORY OF PEDAGOGY DRIVES QU'EN PENSEZ-VOUS ? : ECRITURE CRITIQUE ET SOCIALE

This book is grounded in a student-centered and socially engaged pedagogy. The focus of classroom energy is moved from "covering the curriculum" or "dissecting French into bits and pieces to be practiced, learned, and strung together" to the far more important issues of engaging your communication skills and curiosity and of enlisting you as the cocreator of the knowledge that will be included in the compositions written by the class. Throughout the textbook, the process through which a writer creates and produces written work is emphasized. Equally emphasized is another process by which knowledge is socially created: Your instructor, you, and your classmates will work collaboratively to create mutually understood texts.

This book contains reading exercises and information to enhance your abilities to 1) recognize words, 2) comprehend a text globally, 3) use cultural referents to increase your understanding of a text, and 4) search a variety of sources for more information on the topic under study. It also contains writing exercises and information to nurture your strategies for 1) planning and shaping a writing assignment, 2) confronting your own positions, beliefs, and assumptions, and 3) constructing an action plan to address social issues. As you can see, *Qu'en pensez-vous ? : Ecriture critique et sociale* is about learning French and more. Ultimately, it is about promoting social consciousness and change through learning French.

GOALS OF QU'EN PENSEZ-VOUS ? : ECRITURE CRITIQUE ET SOCIALE

By working through the activities of the textbook, you will be working on:

- your communicative skills: You will learn to express your ideas in French as convincingly as possible.
- your knowledge creation skills: You will learn how to inform yourself about issues, how to make autonomous judgments on opposing ideological positions in general and on specific issues, confront biases and subjectivities, including your own, and how to share your abilities with your instructor and your classmates to invent knowledge.

- your text production skills: You will learn techniques to construct written texts that are rhetorically, organizationally, lexically, and grammatically sophisticated.

Qu'en pensez-vous ? : Ecriture critique et sociale is committed to empowering you as a language learner and as a thinking citizen. It situates the learning of French within your actual experiences with various social issues. The direction that each issue takes depends entirely on your interests and motivation. You shoulder the responsibility for your learning as much as the instructor. We hope that the various exercises and activities contained in *Qu'en pensez-vous ? : Ecriture critique et sociale* will help you become a more sophisticated and competent writer in French while you develop a critical view of social issues surrounding us. We also hope that you see how you can be an agent of social change.

About the Authors

Dr. Amanda W. Brooks (Ph.D. Vanderbilt University, French) is director of the Language Program for French and Spanish and director of the FLL Writing Tutorial Center in the Department of Foreign Languages and Literatures at the University of Miami, Coral Gables, Florida. A writing researcher, she comes to this project from a background in research on the writing process, cognitive processing, and native language/foreign language interactions in foreign language writing. Her other areas of research include the integration of technology into the foreign language curriculum and teaching assistant supervision and coordination.

Dr. Sini Prosper Sanou (Ph.D. University of Minnesota, Second Languages and Cultures Education) is director of the French Language Program in the Department of French and Italian at the University of Arizona, Tucson, Arizona. He also participates in the Interdisciplinary Ph.D. Program in Second Language Acquisition and Teaching (SLAT). His teaching and research interests converge toward sociopolitical approaches to second language writing, teacher education, and language program supervision. He brings to this project an approach to writing instruction grounded in critical pedagogy and social critique.

ACKNOWLEDGMENTS

At the University of Miami: Dr. David Ellison, Chair of Foreign Languages and Literatures, the College of Arts and Sciences who through the Max Orovitz Summer Award in the Arts and Humanities supported the writing of this manuscript, and Dr. Jeannine Arias for her help in pilot teaching the manuscript.

At the University of Arizona: All students in French composition and conversation courses for their valued feedback during the piloting of the manuscript.

We would like to thank the following people at Harcourt College Publishers for their help with the completion of this project: Phyllis Dobbins, publisher; Pam Hatley, developmental editor; Laurie Bondaz, project editor; Angela Williams Urquhart, production manager; Garry Harman, art director, Annette Coolidge, independent photo researcher; and the North Carolina Museum of Art for allowing us to use *Untitled,* 1934, by Jean Hélion. Thanks also to the following editorial reviewers: Nadine O. Di Vito, University of Chicago; Leona B. LeBlanc, Florida State University; Nina M. Furry, University of North Carolina at Chapel Hill; Christine E. B. Moritz, the University of South Carolina.

Finally, we would like to thank all of those who have supported us in the writing of this project.

Chapitre 1

Le Monde informatique

I. Remuons le sujet !

Remue-méninges : Comment trouver des idées ? Qu'est-ce que vous en savez déjà ?

Il est fort recommandé que vous teniez à part un dossier personnalisé pour tout ce qui est vocabulaire tout au long de ce cours. Dans chaque chapitre, les moments pour annoter votre dossier de vocabulaire vous seront indiqués. En tenant un tel dossier, vous pourriez arriver à améliorer votre vocabulaire selon vos besoins personnels. Nous vous proposons des listes de vocabulaire général, mais le progrès le plus intéressant et le plus important dépendra de votre travail indépendant car nous ne pouvons pas imaginer exactement quels mots vous connaissez ou ne connaissez pas ! Notez bien les tableaux **Comment faire ?** à la fin du livre qui vous expliqueront comment bien utiliser des dictionnaires monolingues et bilingues pour approfondir votre connaissance de la langue française.

Travail d'idées

A. Quels sont les premiers mots qui vous viennent à l'esprit lorsque vous entendez le mot *ordinateur* ? Seul(e) ou avec un(e) camarade de classe, faites en cinq minutes environ une liste exhaustive des aspects positifs et/ou négatifs d'avoir et d'utiliser un ordinateur. Ne faites attention ni aux fautes d'orthographe ni à la langue utilisée (anglais, français, votre langue maternelle, etc.) : vous pouvez mélanger des mots des langues différentes pour le moment. Le premier objectif est d'amasser des idées et des possibilités.

B. Refaites la même activité pour le mot *Internet*. Trouvez-vous d'autres idées ?

Travail de vocabulaire

A. Prenez trois à cinq minutes pour organiser et regrouper en catégories les mots et phrases courtes que vous avez générés. Essayez d'établir trois à quatre groupes ou catégories de mots associés. Intitulez chaque catégorie créée (exemples possibles : activités, avantages, inconvénients).

B. En employant un bon dictionnaire bilingue (français–votre langue maternelle), trouvez les expressions françaises équivalentes des mots ou phrases courtes dans votre liste qui sont rédigés en une autre langue. Ajoutez ces mots français et expressions aux catégories de vos listes.

Vocabulaire utile pour l'ordinateur et Internet

un ordinateur	un écran
le clavier	une touche
la souris	la mémoire vive
garder en mémoire, sauvegarder	enregistrer sur le disque dur
un fichier	une disquette
ouvrir	fermer
taper	effectuer/exécuter une commande
le modem	une carte modem
le fax	envoyer par fax
une imprimante	une photocopieuse
faire imprimer en couleur	en noir et blanc
un ordinateur portable	un agenda électronique
un écran à matrice active	un écran plat
un lecteur de CD-ROM intégré	un lecteur de disquettes
un microprocesseur	une puce
cliquer	sans fil
un scanner	numériser un document
une caméra	un logiciel d'exploitation
un logiciel	un réseau

surfer sur le Web	se connecter sur un site
un(e) abonné(e) ; un(e) internaute	les inforoutes
s'abonner à	un fournisseur de services
se brancher	être branché(e)
communiquer des numéros de carte de crédit	
un programme de cryptage destiné à coder les e-mails	
utiliser le courrier électronique	être en ligne
la boîte aux lettres électronique	

Voir **http://www-rocq.inria.fr/qui/Philippe.Deschamp/CMTI/glossaire.html** ou **http://www.css.qmw.ac.uk/foreign/eng-french.html** pour une liste exhaustive.

C. Avec un(e) camarade de classe ou en groupe, partagez votre liste et discutez les catégories que vous avez établies. Trouvez d'autres idées à incorporer. Allongez votre liste personnelle en y ajoutant d'autres mots auxquels vous avez pensé pendant ou après la discussion.

NOTEZ

Notez dans votre dossier de vocabulaire d'autres mots utiles découverts lors de cette discussion.

D. Avec l'aide de votre professeur, établissez une liste générale au tableau. Chaque groupe devrait suggérer une catégorie et au moins deux mots de leur propre liste.

II. THÉMATISONS !

Passons à une discussion où nous voyons d'un œil critique des questions et thèmes remués.

A. Description

Décrivez un ou plusieurs incident(s) relatif(s) à l'emploi d'un ordinateur dans votre carrière scolaire ou vie personnelle. Précisez comment l'ordinateur vous a servi ou pas, selon le cas. Parlez non seulement de l'événement, mais aussi et surtout de vos attitudes à l'époque envers l'emploi de l'ordinateur.

Questions à considérer

Quelles expériences significatives relatives à l'emploi des ordinateurs ai-je éprouvées et quelles ont été mes réactions à ces expériences ?

Quelle est ma position vis-à-vis de l'emploi des ordinateurs et d'autres technologies dans le monde aujourd'hui ?

B. Information

Retournez à vos descriptions pour identifier les relations fondamentales qui existent entre les éléments *qui, quoi, quand* et *où* contenus dans vos narrations. Trouvez tout ce qui relie votre expérience à votre opinion de la technologie. Vos opinions sont-elles directement influencées par votre expérience ?
Si non, imaginez des explications, ou imaginez ce qui pourrait être plus fort que votre expérience personnelle. Enfin, essayez d'énoncer le rapport entre votre récit raconté et votre opinion.

C. Confrontation

Confrontez vos positions, convictions, croyances et suppositions. Esquissez à l'écrit vos réponses aux questions-guides suivantes.

Questions à considérer

D'où viennent mes opinions ? Quelles pratiques ou attitudes sociales reflètent-elles ? Quels intérêts ou buts servent-elles ? Qu'est-ce qui maintient ou renforce mes opinions ? Qu'est-ce qui contient ou contraint mes opinions ? Quelles sont les relations qui existent entre ma position personnelle envers la technologie et l'attitude générale de ma communauté vis-à-vis de la technologie ?

En groupes de deux ou trois étudiants, discutez les questions se rapportant à ce qui peut contraindre ou renforcer des attitudes au niveau social.

D. Reconstruction

Rédigez un résumé de vos idées et de vos réflexions sur le sujet mis en question en C. Essayez d'écrire une ou deux pages ; ne vous concentrez ni sur la grammaire ni sur l'expression française.

 # III. RENSEIGNONS-NOUS !

Lecture I : « Les Pièges du Web », *L'Express* le 21 mai 1998

A. Travail d'avant-lecture

Tournez au texte qui s'intitule « Les Pièges du Web ». Avant de lire, trouvez les informations demandées ci-dessous :

1. D'où vient-il l'article ? Que savez-vous de ce magazine ? Si vous n'en savez rien, comment pouvez-vous vous renseigner ?
2. Qui est l'auteur ?
3. Quand l'article a-t-il été écrit ?
4. Dans quelle partie du magazine se trouve l'article ? Dans ce cas, il y a deux sous-catégories.
5. Lisez le titre « Les Pièges du Web ». Donnez ou trouvez un synonyme pour le mot *piège*. Que veut dire le mot *Web* dans ce contexte ?
6. Lisez les deux sous-titres en italique. Ecrivez une phrase qui résume l'article.

B. Lecture du texte

Le style journalistique se distingue des styles littéraires de nombreuses façons : à la différence d'un texte littéraire, le texte journalistique a pour but la transmission des informations actuelles. Afin de réaliser cet objectif, l'article est souvent écrit dans un style direct qui vise la clarté avant tout. Le plus souvent, le premier paragraphe comprend l'essentiel de l'argument et/ou les informations les plus importantes. Ceci dit, comme tout texte littéraire, un article journalistique peut se référer aux allusions à la vie contemporaine, supposées être comprises par le public en général. L'auteur peut également profiter des jeux de mots et proposer une lecture à plusieurs niveaux, comme dans la littérature. Et certainement, tout auteur écrit d'un certain point de vue que cela soit rendu évident ou non. Donc, la tâche du lecteur est double : assimiler les nouvelles informations présentées et discerner le point de vue et le ton de l'auteur qui influencent la présentation des faits.

1. Lisez le premier paragraphe de cet article. Indiquez le but de ce paragraphe : établir le sujet, donner un premier point de vue, résumer l'essentiel du texte, rappeler un point de départ, etc. — à vous de le trouver.

2. Continuez à lire jusqu'à la fin du texte. Soulignez des mots inconnus mais ne vous arrêtez pas : vous les chercherez plus tard. Placez un astérisque pour indiquer chaque phrase que vous ne comprenez pas, mais surtout, continuez à lire.

3. Selon ce que vous avez compris du texte, quel est le problème le plus grave exposé dans cet article ?

4. Soulignez dans le texte ou faites une liste à part des conseils spécifiques donnés aux utilisateurs d'Internet, ou aux internautes.

5. Quelles informations présentées dans cet article saviez-vous déjà et quelles informations vous sont nouvelles ?

6. Y a-t-il toujours des mots mystérieux que vous n'avez pas compris selon le contexte ? Si oui, est-ce qu'ils gênent votre compréhension du texte ? Souvent, on peut lire *et* comprendre un texte sans connaître tous les mots. Ceci est possible parce que le sens d'un mot peut s'éclaircir selon le contexte ou l'usage dans la phrase. S'il y reste toujours des mots que vous ne connaissez pas, cherchez-les dans un dictionnaire français. La définition trouvée correspond-elle à l'emploi logique du mot dans la phrase de ce texte-ci ? Si non, cherchez encore une autre définition du mot.

Les Pièges du Web

Chaque fois qu'un internaute se connecte sur un site, il laisse sans le savoir des traces parfois confidientielles

par Gilbert Charles

« L'Internet n'est pas sûr », constate le Conseil de l'Europe, qui vient de publier un « projet de lignes directrices » pour la « protection des données personnelles sur les inforoutes », première étape vers un accord international. Elaboré notamment sous la pression des entreprises qui cherchent à développer le commerce électronique et ont besoin de garantir la confidentialité des transactions, le texte rappelle que « l'utilisation du réseau mondial comporte des risques pour la vie privée » et donne des recommandations pratiques aux utilisateurs et aux fournisseurs de services. L'institution européenne conseille par exemple d'utiliser des pseudonymes pour surfer sur le Web, de ne communiquer des numéros de carte de crédit qu'avec circonspection et, surtout, de recourir aux programmes de cryptage pour coder ses messages personnels.

    A la maison comme au bureau, les internautes qui utilisent le courrier électronique ou surfent sur le Web doivent savoir que leur ordinateur garde en mémoire une quantité de données sensibles — profil de l'utilisateur, noms et adresses de ses correspondants, horaires de travail, etc. Toutes les fois qu'un abonné se connecte sur un site, une série d'informations personnelles sont enregistrées à son insu sur le disque dur de l'ordinateur : les « cookies », comme on appelle ces fichiers cachés, servent à indentifier le visiteur chaque fois qu'il revient sur le site, mais aussi à lui envoyer des publicités ciblées. En cherchant des données sur le Guatemala, on peut ainsi retrouver sa boîte aux lettres électronique inondée de messages d'agences de voyages proposant des séjours en Amérique centrale. On trouve sur le réseau des outils qui permettent de consulter ou de désactiver ces cookies **(www.cookiecentral.com)**, de même que des programmes de cryptage gratuits destinés à coder les e-mails, les fax ou les fichiers, qui échappent ainsi aux interceptions et aux regards indiscrets. Malheureusement, ces logiciels sont encore considérés en France comme des armes de guerre et, en principe, interdits d'utilisation, pour éviter qu'ils ne soient détournés au profit des criminels et des terroristes.

« L'utilisation du réseau mondial comporte des risques pour la vie privée »

Notez dans votre dossier de vocabulaire les mots que vous avez cherchés. Mettez non seulement le mot, mais aussi le genre et le pluriel si c'est un substantif. Ajoutez également une phrase d'exemple du mot. Evitez de noter la traduction dans votre langue maternelle.

C. *Travail d'après-lecture*
Questions de réflexion

1. Quels sont les inconvénients de se connecter sur un site d'Internet ?
2. Y a-t-il des avantages de se connecter sur un site d'Internet ?
3. Le problème présenté est-il aussi sérieux en France, en Europe qu'aux Etats-Unis ?
4. A votre avis, que peut faire l'individu face à ces informations ?
5. Que peut faire le gouvernement ? Que doit-il faire ? Et les gouvernements du monde, devraient-ils faire quelque chose, et si oui, que devraient-ils faire ?

Le ton, le point de vue du texte/de l'auteur

1. A votre avis, quelle est l'opinion de l'auteur : est-il plutôt pour ou contre l'usage d'Internet ? Pourquoi, et sous quelles conditions ?
2. Pourquoi écrit-il cet article ? Quel est son objectif ?

D. *Résumé du texte*

Chaque fois que nous lisons un texte quelconque, nous le comprenons en construisant notre propre idée de ce qui a été dit dans le texte et de ce qui y était important. Faites un résumé en deux ou trois phrases de cet article et ensuite comparez votre résumé à celui d'un(e) autre étudiant(e). Avez-vous écrit des résumés semblables ? S'il y a des différences importantes, où se trouvent-elles ? Posez assez de questions à l'autre étudiant(e) de classe afin de voir d'où surviennent les différences. Avez-vous des opinions différentes sur Internet ? Soyez prêt(e) à expliquer comment vos résumés sont différents.

Lecture II : « L'Internet tuera-t-il la télé de papa ? »,
Le Point **le 17 octobre 1998**
A. Travail d'avant-lecture

Tournez au texte intitulé « L'Internet tuera-t-il la télé de papa ? ». Avant de lire, trouvez les informations suivantes :

1. Identifiez le magazine dont l'article est tiré. Que savez-vous de ce magazine ? Si vous n'en savez rien, comment pouvez-vous vous renseigner ?
2. Qui est l'auteur ? Quelle est la date de publication du magazine ?
3. Quel est le genre de l'article ?
4. Lisez le sous-titre : expliquez ce que peut dire *un interacteur*.
5. Faites un premier survol de l'article. Quels sont les sous-titres ? Quel est leur rôle dans un article pareil ?

B. Lecture du texte

1. Lisez le premier paragraphe. Que savez-vous déjà — avant de lire cet article — sur la question de *enhanced TV* ? En avez-vous déjà entendu parler ? Quelles sont des traductions possibles en français de cette nouvelle technologie ?
2. Continuez votre lecture du texte entier. Soulignez des mots problématiques, mais n'interrompez pas votre lecture : vous les chercherez plus tard. Placez un astérisque devant les phrases que vous ne comprenez pas, mais continuez à lire.

C. Travail d'après-lecture
Compréhension

1. Expliquez l'image créée par les mots *faire cavalier seul*.
2. Expliquez le rapport entre le groupe des entreprises Alcatel, Direct TV, NEC, Microsoft et Thomson Multimédia.
3. Trouvez le mot *mince* et donnez au moins un synonyme et un opposé.
4. Cherchez l'expression *mise sur (un cheval)* (l'infinitif est *miser*) dans le dictionnaire. Trouvez un synonyme à ce verbe. Revoyez la phrase dans le troisième paragraphe où *mise* est le verbe : relisez la phrase, suivant le sujet et le verbe.
5. Cherchez le mot *société* dans le dictionnaire. Donnez son sens en français. Ensuite, cherchez le mot *society* dans un dictionnaire anglais–français ; donnez sa traduction française. Expliquez la différence entre les mots.

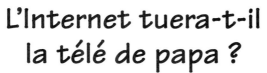

L'Internet tuera-t-il la télé de papa ?

D'ici à cinq ans, le téléspectateur sera devenu un interacteur et son téléviseur sera transformé, entre autres, en terminal permettant de naviguer sur le web.

Par Pierre Trillat

Les Américains l'ont surnommée « *enhanced TV* », que l'on peut traduire par « télévision améliorée » ou « augmentée ». La presse audiovisuelle japonaise parle d' « *intelligent TV* ». Quant aux informaticiens, tous pays confondus, ils emploient volontiers le mot *web-casting,* ou diffusion télévisée sur le web. Derrière tous ces mots se profile pourtant bien le même concept, à savoir la télévision numérique interactive, qu'elle soit diffusée sur le câble, le satellite ou accessible via l'Internet sur un micro-ordinateur équipé d'un modem. A la clé, un marché fabuleux sur lequel les principaux acteurs de la convergence réunissant le monde de l'informatique, des télécommunications, de l'électronique grand public et de l'audiovisuel investissent des sommes colossales.

Pas question, cependant de faire cavalier seul : les risques technologiques et économiques sont en effet trop élevés. Parmi les derniers épisodes de ce thriller financier à l'échelle planétaire, la prise de participation des entreprises Alcatel, Direct TV, NEC et Microsoft dans 30 % du capital de Thomson Multimédia, leader des ventes de téléviseurs aux Etats-Unis, marque une étape stratégique. Reste à s'entendre sur les normes de diffusion, le nombre de canaux et de réseaux, la réglementation, etc.

L'affaire n'est pas mince : chacun cherche à imposer sa norme ou son décodeur. Ainsi, le géant Microsoft, dont les logiciels d'exploitation équipent environ quatre micro-ordinateurs sur cinq, mise sur le procédé Web-TV, qui permet notamment d'associer le déroulement d'un programme de télévision à des sites web, l'un renvoyant à l'autre, ou encore de diffuser via l'Internet des images vidéo sur l'écran d'un micro-ordinateur, le transformant ainsi en téléviseur. Autre exemple, en association avec Thomson Multimédia, le constructeur informatique Sun développe un décodeur numérique à brancher directement sur le téléviseur. Soutenu en Europe par TPS et BskyB, ce système, appelé « open TV », donne accès à de nombreux services en ligne, depuis la banque jusqu'au jeu vidéo en réseau, en passant par le téléachat, ainsi qu'au web.

Services, météo, téléachat

D'ici à cinq ans, la « boîte à images » du téléspectateur, devenu « interacteur », aura également bien changé : décodeur numérique intégré, affichage en format large 16/9, écran plat à plasma ou à cristaux liquides, diffusion sonore en hi-fi-stéréo avec effet « surround », comme au cinéma, interfaces destinées au branchement d'un clavier et d'équipements complémentaires, etc. En attendant, des systèmes hybrides, tel le décodeur Surf-TV de la société Com-1, permettent de transformer n'importe quel téléviseur en terminal pour naviguer sur le web. Les informations interactives générées par l'utilisateur sont envoyées vers le centre serveur par le téléphone ou sur le câble.

Dans un avenir proche, grâce notamment à l'engouement pour les bouquets de chaînes disponibles sur le câble ou sur le satellite, des programmes au contenu spécialement conçu devraient voir le jour. Premières visées, chez TPS comme chez CanalSatellite, les émissions de services, tels la météo ou le téléachat. Les guides de programme électronique, qui permettront à terme de se retrouver parmi les centaines de programmes proposés par l'ensemble des diffuseurs, sont également très convoités.

Une télévision interactive

Véritable référence en la matière, avec plusieurs millions d'exemplaires vendus chaque semaine, le magazine *Télé 7 jours* propose dès aujourd'hui son propre guide accessible sur le web (**www.t7j.com**). Un agent intelligent permet d'établir un profil type de chaque abonné au service, tenant compte de ses goûts, notamment en matière de films ou de documentaires, de ses heures de disponibilité, etc.

Au-delà, la nouvelle télévision interactive suppose d'inventer des contenus forts et véritablement novateurs par rapport à l'offre actuelle du petit écran. Une tâche difficile mais primordiale, qui nécessite de former de nouveaux Méliès disposant de moyens éditoriaux et techniques importants.

Les principaux acteurs de ce marché en émergence, comme en France les groupes Vivendi (ex-Compagnie générale des eaux) et Bouygues, s'y préparent.

6. Retrouvez le paragraphe qui commence par *Dans un avenir proche,...* Trouvez la phrase *Premières visées,....* Dans cette phrase, le verbe est elliptique ou entendu. Quel sera un verbe logique et probable pour compléter cette phrase ?

   Dans ce même paragraphe, cherchez les mots *engouement, bouquets de chaînes* et *convoités* dans un dictionnaire français. Notez les sens donnés, et trouvez un synonyme pour chacun.

Compréhension globale du texte

1. Expliquez dans vos propres mots (sans recopier du texte) ce que c'est que la télévision améliorée.
2. Pourquoi de nombreuses sociétés sont-elles prêtes à s'investir dans la nouvelle technologie ?
3. Quels seront les avantages de cette technologie dans l'avenir ?
4. Expliquez l'exemple de *Télé 7 jours.* Qu'est-ce que la technologie offre au consommateur/ téléspectateur ?

Notez dans votre dossier de vocabulaire les mots que vous avez cherchés. Mettez non seulement le mot, mais aussi le genre et le pluriel si c'est un substantif. Ajoutez également une phrase d'exemple avec le mot. Evitez de noter la traduction dans votre langue maternelle.

Lecture III : A vous de choisir !

Vous pouvez choisir un des autres articles notés en Appendice 3 : Lectures supplémentaires, ou bien vous pouvez trouver un article le plus récent possible par Internet ou dans un magazine récent.

Voir des magazines francophones :

France :	*L'Express*	*Le Point*	*Le Nouvel Observateur*
Belgique :	*L'Evénement du jeudi*		
Canada :	*L'Actualité*	*Femme*	
Afrique :	*Jeune Afrique Economie*	*Africa Internationale*	

Si vous avez accès à Internet à votre université, vous êtes invité(e) à essayer un des sites suivants :

- **http://www.Lemonde.fr**
- **http://www.lexpress.presse.fr**
- **http://www.monde-diplomatique.fr**
- **http://www.paris.msf.org/rpresse.htm**

Et si vous cherchez d'autres choses sur Internet, essayez de chercher en français par **http://www.yahoo.fr**.

En lisant ce troisième article, suivez les mêmes étapes et stratégies que vous avez employées pour les Lectures I et II. Encore, commencez par les titres et sous-titres pour vous créer une première idée du texte, et ensuite, lisez sans vous inquiéter de vocabulaire en particulier. Après, retournez au texte et répondez à vos questions.

Dialogues

A. Comparaison

Comparez les textes lus par la classe et le texte de votre choix. Analysez les éléments suivants, et préparez un résumé et une explication de votre discussion.

- Comparez les dates de publication : y a-t-il un effet d'actualité qui joue dans votre interprétation des textes ?
- Comparez les magazines dans lesquels se trouvent les articles. Comment sont-ils semblables ou différents ?
- Comparez les points de vue des auteurs. Comment sont-ils semblables ou différents ?
- Comparez les objectifs des articles. Comment sont-ils semblables ou différents ?

B. Position à prendre

Qu'en pensez-vous ?

1. Vous rappelez-vous les discussions au début du chapitre ? Vous avez fait un travail d'idées afin de trouver ce que vous savez déjà au sujet d'Internet et des ordinateurs. Maintenant, réfléchissez à votre lecture des articles. Quelles nouvelles informations ces articles vous ont fournies sur le sujet ? De quelle façon ont-ils changé votre avis sur le sujet ?
2. Réfléchissez sur votre opinion sur Internet. Selon vous, quels sont les avantages et les inconvénients de l'utilisation d'Internet ? Esquissez une liste dans chaque catégorie. Partagez vos listes soit avec un(e) autre étudiant(e), soit avec la classe entière.

C. Ecriture automatique

Maintenant, mettez ensemble tout ce que vous savez sur le sujet. Pendant cinq minutes, écrivez sans arrêt tout ce que vous pensez au sujet d'Internet. Vous pouvez changer de langue, en passant du français à votre langue maternelle si vous voulez ou si vous en avez besoin, mais vous ne pouvez pas vous arrêter ! Ne levez pas le stylo de la feuille du papier !

D. Exercice d'organisation

1. Regardez les idées écrites pendant l'écriture automatique et cherchez une organisation logique.
2. Rayez les phrases répétitives ou sans importance.
3. Mettez des chiffres à côté des phrases pour indiquer l'ordre dans lequel vous les emploierez dans un essai.
4. Relisez et trouvez un thème central à ce que vous avez écrit.
5. Ecrivez une phrase d'introduction qui résume votre position/opinion.

E. Travail de groupe

En petits groupes, organisez-vous pour que chaque personne lise à haute voix sa phrase d'introduction. Dans votre groupe, qui est d'accord avec qui ? Soutenez vos opinions selon vos idées de l'écriture automatique. Au tableau, votre professeur fera la liste des arguments pour et contre selon vos idées. Pendant que les autres suggèrent des idées, notez celles qui peuvent vous être utiles dans vos notes.

 # IV. Problématisons !

A. Rédaction individuelle

Il est votre tour de vous exprimer d'une façon formelle à l'écrit. Rédigez un essai argumentatif sur cette question de l'emploi et l'importance de l'usage des technologies dans notre monde moderne. Employez vos notes prises en classe aussi bien que vos idées de l'écriture automatique. N'oubliez pas d'employer le vocabulaire spécifique à la technologie étudié dans ce chapitre.

Avant de commencer :

1. Précisez et écrivez à part votre phrase de thèse.
2. Indiquez les trois exemples ou arguments que vous comptez inclure dans votre essai.
3. Esquissez votre conclusion.

B. Correction réciproque

Apportez deux exemplaires de votre essai en classe. Echangez un exemplaire avec un(e) camarade de classe. Avant de lire l'essai de votre camarade, suivez les guides proposés dans le **Comment faire ?** dans l'Appendice 1 pour faire des corrections réciproques. Attention : Une correction suggérée par votre camarade n'est pas forcément correcte. Soyez vigilant(e) et vérifiez tout vous-même. Rejetez toute correction ou suggestion que vous jugez incorrecte ou inappropriée.

C. Remise en question

L'activité précédente a produit des suggestions et critiques de la part de votre camarade de classe sur la forme et le contenu de votre composition. Examinez maintenant de plus près ces suggestions et critiques afin d'arriver à un jugement quant à la solution (ou l'acte approprié à prendre) pour chaque suggestion et critique.

1. Quelles sont les suggestions et critiques faites par votre camarade de classe touchant à la forme de votre composition ?

   a. Faites une liste exhaustive de ces suggestions et critiques.

   b. Consultez un dictionnaire ou un manuel de grammaire pour confirmer ou rejeter chaque suggestion ou critique. Si vous n'arrivez pas à confirmer ou à rejeter une suggestion ou critique, consultez d'autres personnes et/ou votre professeur.

2. Quelles sont les suggestions et critiques faites par votre camarade de classe sur le contenu de votre composition ?

   D'abord, faites une liste exhaustive de ces suggestions et critiques.

   Ensuite, pour chaque suggestion ou critique, répondez aux questions suivantes.

   A la fin de ce processus de critique et d'autocritique, vous arriverez à un jugement quant à l'acte à prendre dans chaque cas.

   a. Quelles suppositions, valeurs et convictions sous-tendent cette suggestion ou critique ?

   b. La perspective (ou position idéologique) exprimée par cette suggestion ou critique est-elle représentée dans votre composition ? Si oui, où ? Si non, où et comment l'insérer dans votre texte ?

   c. Quelle critique (ou contre-critique) portez-vous contre votre propre position idéologique ainsi que celles proposées par votre camarade de classe ? Avez-vous inclus cette critique dans votre texte ?

D. Travail de révision

Hors de la classe, travaillez afin de corriger votre essai selon les décisions que vous avez prises en C. Rendez votre composition à votre professeur, qui le corrigera en vous donnant la possibilité de la réviser encore si nécessaire.

E. Travail collaboratif

Travaillez avec toute la classe afin d'écrire un essai collaboratif.

1. Travaillant ensemble, établissez le plan d'un essai qui reflète les idées du groupe entier. Quel est l'argument principal de l'essai ? Quels seront les points principaux de l'essai ? Ecrivez collaborativement un paragraphe d'introduction.

2. Divisez-vous en petits groupes et rédigez un paragraphe qui traite d'un seul argument de cet essai collaboratif. Ecrivez, comme groupe, une phrase d'introduction ; donnez deux ou trois

exemples et/ou détails qui soutiennent votre thèse, et écrivez une phrase pour conclure votre paragraphe. Présentez votre paragraphe à la classe entière et insérez-le dans l'essai.

3. De nouveau comme classe entière, lisez l'essai collaboratif. Décidez si les phrases de transitions sont toujours à propos ; si non, corrigez-les. Ajoutez les arguments et/ou les détails qui manquent. Ecrivez un paragraphe de conclusion. Corrigez les phrases pour l'exactitude si nécessaire.

Chapitre 2

Les Femmes

I. REMUONS LE SUJET !

Remue-méninges : Comment trouver des idées ? Qu'est-ce que vous en savez déjà ?

Travail d'idées

A. A quoi pensez-vous lorsque vous entendez le mot *femme* ? Qu'associez-vous avec ce terme ? Vous pouvez considérer les rôles différents que peut avoir une femme. Seul(e) ou avec un(e) camarade de classe, faites en dix minutes environ une liste exhaustive des associations positives et ensuite négatives que vous avez sur l'idée archétype de la femme. Comme dans le chapitre 1, ne faites attention ni aux fautes d'orthographe ni à la langue utilisée (anglais, français, votre langue maternelle, etc.) : vous pouvez mélanger des mots des langues différentes pour le moment.

B. Refaites la même activité pour le mot *féminisme*.

C. Comparez les deux listes que vous avez générées. Quelles sont les différences entre les deux listes ? les similitudes ? Y a-t-il une influence *féministe* sur la nature (positive ou négative) des associations que vous faites avec le mot *femme* ?

Travail de vocabulaire

A. Prenez dix minutes pour organiser et regrouper en catégories les mots et phrases courtes que vous avez générés. Essayez d'établir trois à quatre groupes ou catégories de mots associés. Intitulez chaque catégorie créée (exemples possibles : rôles de femme, vie politique, vie sociale, vie familiale, vie professionnelle).

B. En employant un bon dictionnaire bilingue (français–votre langue maternelle), trouvez les expressions françaises équivalentes des mots ou phrases courtes dans votre liste que vous avez rédigés en une autre langue. Ajoutez ces mots français et expressions aux catégories de vos listes.

Vocabulaire utile

la femme	le féminisme
la condition féminine	la discrimination
le harcèlement sexuel	le harcèlement professionnel
le sexisme	le chauvinisme (attention ! à son sens en français)
la liberté	l'égalité (*f*)

toucher un salaire	exercer un métier	
avoir une profession, une activité professionnelle	avoir un poste	avoir une carrière
travailler à plein temps	travailler à mi-temps	travailler à temps partiel
le congé de maternité	élever des enfants	
la famille traditionnelle	la mère célibataire	
rester à la maison	la femme au foyer	
la réussite	réussir à [quelque chose]	

C. Avec un(e) camarade de classe ou en groupe, travaillez sur les rubriques suivantes : la femme à la maison, la femme au travail, la femme politique, la femme sociale, la femme mère, la femme sportive, la femme religieuse, la femme comme présentée par les médias, la « vraie » femme, la femme… à vous de préciser. Pour chaque catégorie, dressez une liste en commun des mots ou associations tirés de vos propres listes.

Notez dans votre dossier de vocabulaire d'autres mots utiles découverts lors de cette discussion.

D. Avec votre professeur, choisissez les rubriques que vous voulez discuter comme classe entière. Mettez les listes de chaque groupe au tableau. Chaque groupe devrait suggérer au moins deux mots de leur propre liste.

II. THÉMATISONS !

Dans cette partie, nous ouvrons une discussion où nous étudierons d'un œil critique les rôles de la femme que vous avez identifiés.

A. Description

Décrivez un incident qui explique ou exemplifie une des associations que vous avez envers « la femme ». Ici, nous mettons le mot *femme* entre guillemets pour indiquer que nous traitons d'un archétype, ou une vision assez impersonnelle. En racontant votre incident, vous rendrez personnelle cette expérience qui influence votre opinion.

Parlez non seulement de l'événement, mais aussi et surtout de vos attitudes à l'époque envers la femme et/ou son rôle.

Questions à considérer

Comment cette expérience significative m'a-t-elle influencé(e) ? Quelles ont été mes réactions à cette expérience ? Quelle est ma position vis-à-vis de la femme dans ce rôle aujourd'hui ? A-t-elle changé ?

B. Information

Retournez à vos descriptions pour identifier les relations fondamentales entre les éléments *qui, quoi, quand* et *où* contenus dans vos narrations. Trouvez tout ce qui relie votre expérience à votre opinion de la femme dans son rôle ci-décrit. Vos opinions sont-elles directement influencées par votre expérience ? Si non, imaginez des explications, ou imaginez ce qui pourrait être plus fort que votre expérience personnelle. A partir de cette analyse, résumez vos attitudes générales envers le rôle de la femme.

C. Confrontation

Confrontez vos positions, convictions, croyances et suppositions. Esquissez à l'écrit vos réponses aux questions-guides suivantes.

Questions à considérer

D'où viennent mes opinions ? Quelles pratiques ou attitudes sociales reflètent-elles ? Mon opinion est-elle celle de la société en générale ? Quels intérêts ou buts servent mes opinions? Qu'est-ce qui maintient ou renforce mes opinions ? Qu'est-ce qui contient ou contraint mes opinions ? Quelles sont les relations qui existent entre ma position envers la femme et l'attitude générale de ma communauté vis-à-vis de la femme ?

En groupes de deux ou trois étudiants, discutez ce qui peut contraindre ou renforcer, au niveau social, les attitudes identifiées dans l'exercice C.

D. Reconstruction

Rédigez un résumé de vos idées et de vos réflexions sur le sujet mis en question en C. Essayez d'écrire une ou deux pages. Pour le moment, concentrez-vous sur vos idées ; vous travaillerez la grammaire et l'expression françaises plus tard.

III. RENSEIGNONS-NOUS !

Lecture I : « Barbie — La Poupée dégonflée », *L'Express* le 1 janvier 1998

A. Travail d'avant-lecture

Tournez au texte qui s'intitule « Barbie — La Poupée dégonflée ». Avant de lire, trouvez les informations suivantes :

1. D'où vient l'article ? Rappelez-vous ce que vous avez appris dans le premier chapitre à propos de ce magazine. Qu'attendez-vous de ce type d'article ?
2. Qui est l'auteur ?
3. Quand l'article a-t-il été écrit ?

4. Lisez le titre « Barbie — La Poupée dégonflée ». Si vous ne connaissez pas le mot *poupée*, devinez un sens possible d'après ce que vous savez de Barbie, et vérifiez-le soit dans un dictionnaire soit avec vos camarades de classe. Si vous ne connaissez pas le mot *dégonflée*, étudiez rapidement les mots *dé + gonflée*. Pouvez-vous déduire le préfixe *dé* ? *Gonflée* est ici un participe passé qui agit comme un adjectif : donc, le *é* pour le participe passé, et le *e* pour l'accord au mot *poupée*. Si vous ne connaissez pas le mot *gonfler*, cherchez-le dans le dictionnaire et choisissez le sens le plus logique. Donnez deux synonymes pour le mot *gonfler*. Expliquez dans vos propres mots le titre de cet article.

5. Lisez le sous-titre. Proposez une hypothèse qui justifie l'emploi de l'expression *sex symbol* au lieu de l'équivalent français. Suivez le même processus utilisé dans l'exercice 4 pour trouver le sens des mots comme *plébiscité*, *assagit* et autres mots difficiles que vous avez rencontrés au cours de votre lecture. Rappelez-vous qu'il faut chercher l'infinitif d'un verbe dans le dictionnaire. Que pensez-vous du choix des mots *plébiscité* et *assagit* ? Qu'apportent-ils au ton de l'article ?

6. Quel est le rôle de la légende sous l'image de Barbie ?

7. Avant de lire, énoncez le sens général de l'article, selon les pistes dans les titres et dans les photos à la page 19.

B. Lecture du texte

1. Lisez le premier paragraphe de cet article. Indiquez le but de ce paragraphe : établir le sujet, donner un premier point de vue, résumer l'essentiel du texte, rappeler un point de départ,… d'autres buts ?

2. Continuez à lire jusqu'à la fin du texte. Soulignez des mots inconnus, mais ne vous arrêtez pas : vous les chercherez plus tard. Placez un astérisque pour indiquer chaque phrase que vous ne comprenez pas, mais surtout, continuez à lire.

3. Selon ce que vous avez compris du texte, quelle est la question étudiée dans cet article ? Que craint-on pour l'avenir de Barbie ?

4. Soulignez dans le texte ou faites une liste à part des critiques envers la poupée Barbie, version traditionnelle.

5. Revenez au premier paragraphe : Expliquez selon le contexte l'expression *vendre la mèche*. Devinez le sens du mot *pépée*, puis vérifiez votre conjecture dans un dictionnaire français. Enoncez, en vos propres mots, le sens de l'expression *la baby doll new-look*. Remarquez l'emploi du mot *aficionados* : de quelle langue vient-il ? Que pourriez-vous dire à propos de l'emploi de tous ces mots étrangers dans cet article — sur l'auteur, sur le sujet, sur le magazine ? Etudiez de près les mots *éclosent* et *avenante*. Pouvez-vous deviner le sens de ces mots ? Connaissez-vous d'autres mots et/ou racines, préfixes, suffixes, etc., qui puissent vous être révélateurs ?

6. Y a-t-il toujours des mots mystérieux que vous n'avez pas compris en contexte ? Si oui, employez vos stratégies de lecture et de dictionnaire afin de trouver le bon sens à ces mots.

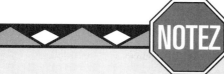

Notez dans votre dossier de vocabulaire les mots que vous avez cherchés. Mettez non seulement le mot, mais aussi le genre et le pluriel si c'est un substantif. Ajoutez également une phrase d'exemple du mot. Evitez de noter la traduction dans votre langue maternelle.

Barbie — La Poupée dégonflée

Le jouet *sex symbol* plébiscité par les petites filles assagit ses formes. La réussite commerciale suivra-t-elle ?

par Guillaume Grallet

Au placard la bombe californienne, place à la ménagère. A 38 ans, Barbie, la poupée la plus vendue au monde — il s'en vend deux par seconde — est sur la table d'opération. C'est le *Wall Street Journal* qui a vendu la mèche, le 18 novembre dernier, en publiant le nouveau visage de la pépée : des joues plus rondes, un maquillage plus léger et une coupe classique devraient caractériser la *baby doll* new-look. Si son corps ne sera devoilé qu'en janvier au Salon annuel du jouet, à New York, les aficionados s'affolent et les sites qui décrivent la plastique de la future Barbie éclosent sur Internet : taille plus large et poitrine moins avenante, y apprend-on. Plus réaliste et plus sage, en somme.

Il faut dire que, pour l'instant, la poupée a tout d'une bombe sexuelle : ramenées à la taille normale, ses mensurations affichent 96 de tour de poitrine, 45 pour la taille et des hanches larges de 86 centimètres. Très soucieuse de son image — Mattel est actuellement en procès contre la maison de disques du groupe pop Aqua, qui, dans son dernier clip, a tourné en dérision le côté superficiel de la poupée — la marque n'a pas retouché le visage de son best-seller depuis plus de vingt ans. En lançant ce nouveau modèle, Mattel veut séduire les fillettes de 8 à 10 ans, qui, au contraire de leurs cadettes — en France, chaque petite fille possède en moyenne six Barbie — boudent la poupée. Du côté des internautes barbiphiles, pourtant, le ton monte. Déjà on tourne en dérision la Barbie tendance inédite : « Trop grasse », se moque un surfeur. « Pas assez séduisante », regrette un autre.

Leader mondial du jouet depuis sa fusion avec Fisher-Price en 1993, Mattel serait-elle sur le point de commettre un flop marketing ? Déjà, son programme de communication est chamboulé : alors que la sortie commerciale du nouveau modèle n'est prévue que pour septembre 1998, de nombreux acheteurs de Noël le recherchent, en vain, sur les rayons. Mais à terme, la marque, qui ne retire pas du marché son ancien modèle, ne risque-t-elle pas d'entretenir l'équivoque entre les deux poupées ? « A mon avis, les jeunes filles vont confondre les produits », se méfie Diane Cardinale, de la fédération des fabricants de jouets américains, dans une interview à l'*Arizona Republic*. En changeant de modèle, la firme de jouets a voulu calmer les féministes, trop enclines à brocarder poupée, réduite, selon elles, au rôle d'objet sexuel. « Mais, » avertit, sévère, Bénédicte Gourdon, docteur d'université spécialisée en psychologie de l'enfance, « en devenant plus conforme, la nouvelle Barbie risque de perdre son pouvoir de fascination, et donc des clients. »

C. Travail d'après-lecture
Questions de réflexion

1. A votre avis, la poupée Barbie est-elle un symbole sexuel ? Pensez-vous qu'elle soit responsable (et si oui, à quel point) d'une image de la femme en tant qu'objet sexuel ?

2. Qui (ou quels groupes) est responsable pour la plupart des critiques envers Barbie ? Quelles sont les raisons, donc, pour changer sa forme physique ? A votre avis, ces critiques de la poupée sont-elles bien fondées et justifiées ? Si oui, expliquez ; si non, expliquez.

3. Comment la société Mattel a-t-elle répondu à ces critiques ?

4. Etes-vous d'accord avec l'argument féministe que la forme non-réaliste de Barbie constitue une confirmation de son rôle d'objet sexuel ? Quel est l'argument implicite des féministes contre une telle poupée ? Comment cet argument est-il lié aux changements faits en la poupée ?

5. A votre avis, quelle est l'influence d'une telle poupée sur la psychologie d'un(e) enfant ? Faut-il un changement chez la poupée pour ces raisons ?

6. Que pensez-vous du fait que la poupée soit devenue un symbole politique ?

7. Que pensez-vous du procès de Mattel contre la maison de disques du groupe Aqua qui a critiqué Barbie dans une chanson ? Le cas mérite-t-il un procès judiciaire ? Expliquez, si oui et si non.

8. Pensez-vous que cette nouvelle version de la poupée survive sur le marché ? Sera-t-elle un succès commercial ?

Le ton, le point de vue du texte et/ou de l'auteur

1. A votre avis, quelle est l'opinion de l'auteur : est-il plutôt pour ou contre le changement de cette poupée ? Pourquoi, et pour quelles raisons ? Quels sont les mots qu'il a utilisés qui vous mènent à cette conclusion ?

2. Pourquoi écrit-il cet article ? Quel est son objectif ?

D. Résumé du texte

Faites un résumé en deux ou trois phrases de cet article, et ensuite comparez votre résumé à celui d'un(e) autre étudiant(e). Avez-vous écrit des résumés semblables ? S'il y a des différences importantes, où se trouvent-elles ? Posez assez de questions à un(e) autre étudiant(e) de classe afin de voir d'où surviennent les différences. Avez-vous des opinions différentes envers les images de la femme comme objet sexuel ?

Lecture II : « La Recluse d'El-Hesaniya »,
Le Nouvel Observateur le 15–21 janvier 1998

A. Travail d'avant-lecture

Tournez au texte intitulé « La Recluse d'El-Hesaniya ». Avant de lire, trouvez les informations suivantes.

1. Identifiez le magazine dont l'article est tiré. Que savez-vous de ce magazine ? Si vous n'en savez rien, comment pouvez-vous vous renseigner ?

2. Qui est l'auteur ? Quelle est la date de publication du magazine ?

3. Quel est le genre de l'article ?

4. Lisez tout le titre « La Recluse d'El-Hesaniya ». Qui est le sujet de l'interview ? D'où, pensez-vous, vient la femme interviewée dans l'article ?

5. Faites un premier survol de l'article. Que représentent les italiques dans le texte ?

6. Que savez-vous du rôle de la femme dans le monde islamique ? Que savez-vous sur la question du voile en France ? Que signifie le voile ? D'où viennent vos idées sur ces questions ? Si vous en savez peu, cherchez des informations soit sur Internet, soit à la bibliothèque. Si vous en savez beaucoup, vérifiez vos idées.

B. Lecture du texte

Lisez tout l'article. Soulignez les mots problématiques, mais n'interrompez pas votre lecture : vous les chercherez plus tard. Placez un astérisque devant les phrases que vous ne comprenez pas, mais continuez à lire.

La Recluse d'El-Hesaniya

Myral El Tahhaoui

par Sara Daniel

Ses longs cheveux noirs encadrent son visage de madone résignée. Pendant sept ans, elle a fait partie du mouvement étudiant des Gama'a islamiya, le mouvement islamiste radical égyptien. Elle en est sortie, jetant le voile. Myral El Tahhaoui sait les risques qu'elle prend en racontant son expérience. Ce jeune écrivain de 28 ans, qui sussure d'une voix minuscule ses hésitations et ses revirements, n'a rien d'une femme libérée.

Effrayée des conséquences que pourrait entraîner la publication de « l'Aubergine bleue », le roman de Myral, sa famille resserre l'étau. Pour voir l'écrivain qui dispense d'ordinaire des cours de littérature à l'université du Caire, il faut désormais se rendre dans le petit village de El-Hesaniya, dans le gouvernorat de Charkeïya, à cinq heures de route au nord du Caire. Dans la grande demeure aux colonnades blanches, elle vit recluse. Et accepte avec patience la vigilance appuyée de son frère cadet qui corrige chacune de ses phrases. Dans une autre pièce se déroulent les préparatifs du mariage bédouin de son frère qui durera près d'une semaine. C'est la description de ces rites bédouins qui ont fait connaître la romancière quand elle a publié son premier roman : « le Palanquin ». Calée dans l'immense fauteuil crème de son père, la jeune femme chuchote ses explications comme si elle avait peur de se faire remarquer.

« *Il faut que vous compreniez qu'à cette époque, mettre le voile, comme porter la barbe pour les hommes, c'était un geste de révolte contre la société. Mon voile n'était pas un voile de pudeur ou de morale mais de défi* » explique Myral. Pour une fois la jeune fille pouvait donner des leçons de décence à sa mère. Désobéir à son père, un libéral laïque qui voyait d'un mauvais œil son fanatisme. Réprimander ses frères qui se faisaient rares à la mosquée. En somme, c'est en se décrétant plus traditionaliste que les plus rétrogrades de son entourage qu'elle soulevait un peu la chape de plomb familiale. Surtout dans un milieu où les rites bédouins viennent se surajouter aux codes de l'islam.

Myral qui protège sa pudeur en préférant évoquer le parcours de son héroïne « l'aubergine » (surnom qui lui vient de sa couleur lorsqu'elle est sortie du ventre de sa mère) raconte : « *Le père de l'aubergine était soi disant concerné par la corruption et l'aggravation des inégalités sociales. Mais il appartenait au Waft. Tous ces partis miment la démocratie sur une scène de théâtre surveillée par le pouvoir. C'est une mascarade. Pourquoi ce père l'a-t-il délaissé pour aller scander des slogans stupides ?* » Vers 17 ans à l'université de Zagazig, la jeune femme se met à militer dans les rangs des Gama'a islamiya contre l'oppression, la corruption et le colonialisme. Elle écrit des discours « *d'une grande violence* » se souvient-elle. Et puis, au bout de sept ans « *je me suis réveillée, en lisant une thèse sur les mérites de la femme voilée. Cela n'avait rien avoir avec mes idéaux.* » Elle découvre l'opportunisme d'une mouvance qui veut arriver au pouvoir. « *La manière dont les imams sollicitent le Coran pour priver la femme de ses droits par démagogie* ». Mais surtout Myral se demande qui peut décréter que la porte de l'interprétation du Coran est à tout jamais fermée et que quiconque tente de la rouvrir sera déclaré apostat. Dans la prise de conscience de la jeune femme, l'affaire Abu Zeyd est une étape décisive. Et pourtant elle ne renie pas son engagement : « *L'islamisme, c'était une étape nécessaire dans le développement du monde arabe. La réaction d'une grande nation opprimée et déçue. Je n'ai pas eu de chance d'avoir à vivre à cette époque, c'est tout. J'ai gaché huit ans de ma vie. Maintenant je voudrais fuir les engagements et vivre. Et écrire.* »

Dans le roman de Myral, il y a deux jeunes filles : une gauchiste, délurée et schizophrène, et l'aubergine voilée qui comble le vide de sa vie par la religion. « *Ce sont les deux faces de ma génération* » explique Myral. L'aubergine se termine sur un constat d'échec. Celui de la solution libérale du père et les égarements de ses enfants, islamistes ou gauchistes : « *Tous les courants sont paralysés* conclut Myral El Tahhaoui *mais ce n'est pas moi qui ait choisi cette fin* ».

C. Travail d'après-lecture

1. Relisez les deux premiers paragraphes. Esquissez, en utilisant vos propres mots, l'image peinte de la jeune femme. Notez les mots utilisés dans le texte pour soutenir votre portrait.

Quelle est sa profession ? Notez le mot utilisé pour l'indiquer : connaissez-vous d'autres versions ou mots (peut-être féministes) pour le dire ?

2. Relisez la première citation. Notez l'effet de choc de cette citation. Pourquoi est-elle surprenante ?

3. Le paragraphe qui suit explique la citation et la perspective de la jeune femme. Résumez son point de vue en une ou deux phrases. Faites une hypothèse sur l'emploi des « phrases » qui commencent par l'infinitif : expliquez comment ceci est possible au niveau grammatical. Comprenez-vous ?

4. Expliquez les raisons que la jeune femme donne pour justifier son changement de position envers le voile. Situez cette femme dans son milieu familial, son milieu universitaire, son milieu religieux et son milieu socio-politique.

5. Pourquoi l'auteur a-t-elle nommé la jeune fille du roman « aubergine » ? Qu'est-ce une aubergine ? Quel est l'effet produit par ce choix de nom ? Que représente l'aubergine dans le roman ?

6. Expliquez pourquoi et comment El Tahhaoui peut dire qu'elle n'a pas choisi la fin de son œuvre.

7. Comment décrivez-vous cette femme sur le plan politique ? sur le plan religieux ? sur le plan social ?

8. Retournez aux mots soulignés. Essayez de deviner leurs sens d'après le contexte de la phrase et après avoir lu tout l'article. Vérifiez la définition que vous avez donnée au mot dans un dictionnaire français. Aviez-vous raison ?

Notez dans votre dossier de vocabulaire les mots que vous avez cherchés. Mettez non seulement le mot, mais aussi le genre et le pluriel si c'est un substantif. Ajoutez également une phrase d'exemple avec le mot. Evitez de noter la traduction dans votre langue maternelle.

9. Que pensez-vous de cette femme, dans son contexte à elle, et de ses choix ? Quelles sont les implications pour les femmes ailleurs, s'il y en a ?

Lecture III : A vous de choisir !

Vous pouvez choisir un des autres articles mentionnés ci-dessous, ou bien vous pouvez trouver un article plus récent par Internet ou dans un magazine actuel.

Voir :

« Des Américaines très, très sportives », *L'Express* le 21 mai 1998

« La loi sur le harcèlement aux Etats-Unis s'applique entre personnes du même sexe », *Le Monde* le 14 mars 1998

« Les Initiatives étonnantes de Khatami », *L'Evénement du jeudi* le 15–21 janvier 1998

« Nous sommes tous Ivoiriens », *Africa Internationale* juin 1998

Dialogues

A. Comparaison

Comparez les textes lus par la classe et le texte de votre choix. Analysez les éléments suivants :

- Comparez les dates de publication : les questions qui y sont présentées sont-elles toujours en cause aujourd'hui ? Si non, comment ont-elles été résolues ?
- Comparez les magazines dans lesquels se trouvent les articles. Comment sont-ils semblables ou différents ?
- Comparez les points de vue des auteurs. Comment sont-ils semblables ou différents ?
- Comparez les objectifs des articles. Comment sont-ils semblables ou différents ?

B. Position à prendre

Qu'en pensez-vous ?

1. Vous rappelez-vous les associations que vous avez faites avec le terme « femme » au début du chapitre ? Maintenant, après votre lecture des articles, réfléchissez de nouveau à cette question du rôle de la femme. Est-ce que les articles vous ont fourni de nouvelles informations sur le sujet ? Ont-ils changé votre avis sur le sujet ?

2. Réfléchissez sur votre opinion du rôle de la femme aujourd'hui. Choisissez une rubrique (la femme à la maison, la femme au travail, la femme politique, la femme sociale, la femme mère, la femme sportive, la femme religieuse, la femme comme présentée par les médias, la « vraie » femme, etc.) qui vous intéresse. Mettez-vous en groupes avec d'autres étudiants de la classe qui s'intéressent à la même rubrique. Dressez une liste des caractéristiques de la femme dans ce domaine. Ensemble, composez une phrase qui exprime l'essentiel de la position du groupe.

C. Ecriture automatique

Après avoir travaillé en groupe, vous travaillerez maintenant d'une façon individuelle. Découvrez tout ce que vous pensez personnellement sur le sujet. Pendant cinq minutes, écrivez sans arrêt tout ce que vous pensez au sujet de la femme dans votre rubrique. Comme dans le premier chapitre, vous pouvez passer d'une langue à une autre, comme vous voulez.

D. Exercice d'organisation

Regardez les idées écrites pendant l'écriture automatique et trouvez une organisation logique. Rayez les phrases répétitives ou sans importance. Numérotez les phrases pour indiquer l'ordre dans lequel vous les emploierez. Ecrivez une phrase d'introduction qui résume votre position/opinion.

E. Travail de groupe

De nouveau en petits groupes selon rubrique, organisez-vous pour que chaque personne lise à haute voix sa phrase d'introduction. Soutenez vos opinions selon vos idées de l'écriture automatique. Au tableau, votre professeur fera une liste des caractéristiques selon les rubriques. Pendant que les autres suggèrent des idées, indiquez celles qui peuvent vous être utiles dans vos notes. Remarquez s'il y a des caractéristiques qui relient le rôle de la femme à travers des rubriques. Pouvez-vous arriver, en tant que classe entière, à un entendement de la femme qui englobe des domaines différents ?

IV. PROBLÉMATISONS !

A. Rédaction individuelle

C'est à vous de développer vos idées à l'écrit. Rédigez un essai d'exposition, qui présente et explique votre position sur le rôle de la femme aujourd'hui. Vous pouvez traiter de n'importe quel sujet discuté au long de ce chapitre. Vos notes prises en classe aussi bien que vos idées de l'écriture automatique devraient vous servir dans cette tâche.

Avant de commencer :

1. Précisez les grandes lignes de l'argument que vous développerez dans votre essai.
2. Ecrivez à part votre phrase de thèse.
3. Indiquez les trois exemples ou arguments les plus importants que vous mettrez dans votre essai.
4. Esquissez votre conclusion.

B. Correction réciproque

Apportez deux exemplaires de votre essai en classe. Echangez un exemplaire avec un(e) camarade de classe. Avant de lire l'essai de votre camarade, suivez les guides proposés dans le **Comment faire ?** dans l'Appendice 1 pour faire des corrections réciproques. Attention : Une correction suggérée par votre camarade n'est pas forcément correcte. Soyez vigilant(e) et vérifiez tout vous-même. Rejetez toute correction ou suggestion que vous jugez incorrecte ou inappropriée.

C. Remise en question

Examinez de plus près les suggestions et critiques offertes par votre camarade de classe sur le contenu et la forme de votre composition, afin d'arriver à un jugement quant à la solution (ou l'acte approprié à prendre) pour chaque suggestion et critique.

1. Quelles sont les suggestions et critiques faites par votre camarade de classe sur le contenu de votre composition ?

   D'abord, faites une liste exhaustive de ces suggestions et critiques. Ensuite, pour chaque suggestion ou critique, répondez aux questions suivantes. A la fin de ce processus de critique et d'autocritique, vous arriverez à un jugement quant à l'acte à prendre dans chaque cas.

   a. Quelles positions (ou valeurs et convictions) sous-tendent cette suggestion ou critique ?

   b. La perspective (ou position idéologique) exprimée par cette suggestion ou critique est-elle représentée dans votre composition ? Si oui, où ? Si non, où et comment l'insérer dans votre texte ?

   c. Quelle critique (ou contre-critique) portez-vous contre votre propre position idéologique ainsi que celles proposées par votre camarade de classe ? Avez-vous inclus cette critique dans votre texte ?

2. Quelles sont les suggestions et critiques faites par votre camarade de classe touchant à la forme de votre composition ?

   a. Faites une liste exhaustive de ces suggestions et critiques.

   b. Consultez un dictionnaire ou un manuel de grammaire pour confirmer ou rejeter chaque suggestion ou critique. Si vous n'arrivez pas à confirmer ou à rejeter une suggestion ou critique, consultez d'autres personnes et/ou votre professeur.

D. Travail de révision

Hors de la classe, travaillez afin de corriger votre essai selon les décisions que vous avez prises en C. Vous rendrez cette version de votre essai à votre professeur. Soyez encore prêt(e) à le réviser encore. Votre professeur le corrigera cette fois, en vous donnant la possibilité de le réviser encore si nécessaire.

E. Travail collaboratif

Travaillez avec toute la classe afin d'écrire un essai collaboratif.

1. Travaillant ensemble, établissez le plan d'un essai qui reflète les idées du groupe entier. Quel est l'argument principal de l'essai ? Quels en seront les points principaux ? Ecrivez collaborativement un paragraphe d'introduction.

2. Divisez-vous en petits groupes et rédigez un paragraphe qui traite d'un seul argument de cet essai collaboratif. Ecrivez, comme groupe, une phrase d'introduction ; donnez deux ou trois exemples et/ou détails qui soutiennent votre thèse, et écrivez une phrase pour conclure votre paragraphe. Présentez votre paragraphe à la classe entière et insérez-le dans l'essai.

3. De nouveau comme classe entière, lisez l'essai collaboratif. Décidez si les phrases de transitions sont toujours à propos : si non, corrigez-les. Ajoutez les arguments et/ou les détails qui manquent. Ecrivez un paragraphe de conclusion. Corrigez les phrases pour l'exactitude si nécessaire.

Chapitre 3

Les Sciences médicales

I. REMUONS LE SUJET !

Remue-méninges : Comment trouver des idées ? Qu'est-ce que vous en savez déjà ?

Travail d'idées

A. A votre avis, quelles sont les maladies les plus graves du monde actuel ? Quelles sont les maladies qui atteignent le maximum de gens dans le monde ? Quelle maladie considérez-vous la plus contagieuse ou épidémique ?

B. En français, on utilise le sigle *sida* pour parler du syndrome immunodéficitaire acquis. Que savez-vous de cette maladie ? Quelles associations avez-vous à ce mot ? Seul(e) ou avec un(e) camarade de classe, dressez en cinq minutes environ une liste exhaustive des associations positives et ensuite négatives que vous faites avec cette maladie. Comme dans les autres chapitres, ne faites attention ni aux fautes d'orthographe ni à la langue utilisée (anglais, français, votre langue maternelle, etc.) : vous pouvez mélanger des mots des langues différentes pour le moment.

Travail de vocabulaire

A. Prenez quelques minutes pour organiser et regrouper en catégories les mots et phrases courtes que vous avez générés. Essayez d'établir trois à quatre groupes ou catégories de mots associés. Intitulez chaque catégorie créée (exemples possibles : maladies, traitements, recherches médicales, politique sociale/gouvernementale, stéréotypes).

B. En employant un bon dictionnaire bilingue (français–votre langue maternelle), trouvez les expressions françaises équivalentes des mots ou phrases courtes dans votre liste que vous avez rédigés en une autre langue. Ajoutez ces mots français et expressions aux catégories de vos listes.

Vocabulaire utile

une maladie	un(e) patient(e)	être remis(e) en santé
souffrir	(se) guérir/être guéri	(se) remettre en bonne santé
un médecin	un docteur	un chirurgien
un traitement	être en traitement	suivre un traitement
prescrire un traitement	une ordonnance/une prescription	
un médicament	prendre des médicaments	
attraper une maladie	se protéger d'une maladie	

un virus	une bactérie	
un cancer	la radiothérapie	la chimiothérapie
le sida	le VIH	l'AZT séropositif/ive
cloner	un clone	le clonage
l'hépatite A, B, C	la sclérose en plaques	
le syndrome d'Alzheimer	la mucoviscidose	
avoir une crise cardiaque	une angine de poitrine	

C. Avec votre professeur, choisissez les maladies que vous discuterez comme classe entière. Mettez les listes de chaque groupe au tableau. Chaque groupe devrait suggérer au moins deux mots de leur propre liste.

Notez dans votre dossier de vocabulaire d'autres mots utiles découverts lors de cette discussion.

II. THÉMATISONS !

Dans cette partie, nous entamons une discussion où nous étudierons d'un œil critique les problèmes médicaux du monde actuel.

A. Description

Décrivez un incident qui explique ou exemplifie une des associations que vous avez envers « le cancer », « le sida » ou une autre maladie que vous connaissez. Parlez non seulement de l'événement, mais aussi et surtout de vos attitudes à l'époque envers cette maladie. Si vous n'avez pas d'expérience personnelle, inventez un incident selon quelque chose que vous avez lu, vu, ou entendu.

Questions à considérer

Comment cette expérience significative m'a-t-elle influencé(e) ? Quelles ont été mes réactions à cette expérience ? Quelle est ma position vis-à-vis de la maladie ? A-t-elle changé ?

B. Information

Retournez à vos descriptions pour identifier les relations fondamentales qui existent entre les éléments *qui, quoi, quand* et *où* contenus dans vos narrations. Trouvez tout ce qui relie votre expérience à votre opinion de la maladie. Vos opinions sont-elles directement influencées par votre expérience ? Si non, imaginez des explications, ou imaginez ce qui pourrait être plus fort que votre expérience personnelle. A partir de cette analyse, résumez vos attitudes générales envers la maladie.

C. Confrontation

Confrontez vos positions, convictions, croyances et suppositions. Esquissez à l'écrit vos réponses aux questions-guides suivantes.

Questions à considérer

D'où viennent, mes opinions ? Quelles pratiques ou attitudes sociales reflètent-elles ? Ma position est-elle celle de la société en général ?

Quels intérêts ou buts servent mes opinions ? Qu'est-ce qui les maintient ou les renforce ? Qu'est-ce qui les contient ou les contraint ? Quelles sont les relations qui existent entre ma position personnelle envers cette maladie et l'attitude générale de ma communauté vis-à-vis de la maladie ?

En groupes de deux ou trois étudiants, discutez ce qui peut contraindre ou renforcer des attitudes au niveau social.

D. Reconstruction

Rédigez un résumé de vos idées et de vos réflexions sur le sujet mis en question en C. Essayez d'écrire une ou deux pages. Pour le moment, concentrez-vous sur vos idées ; vous travaillerez la grammaire et l'expression française plus tard.

III. RENSEIGNONS-NOUS !

Lecture I : « Sida, les clairs-obscurs d'une nouvelle ère », *Le Monde* le 9 février 1997

A. Travail d'avant-lecture

Tournez au texte qui s'intitule « Sida, les clairs-obscurs d'une nouvelle ère ». Avant de lire, trouvez les informations suivantes :

1. D'où vient l'article ? Que savez-vous à propos de ce journal ?
2. Qui est l'auteur ?
3. Quand l'article a-t-il été écrit ?
4. Lisez le titre « Sida, les clairs-obscurs d'une nouvelle ère ». Quels sont les sens possibles d'un mot oxymoronique comme *clair-obscur* ? Vérifiez votre hypothèse dans un dictionnaire monolingue, et reconsidérez donc le titre de l'article.
5. Avant de lire, remarquez les mots dans le titre et le sous-titre de l'article. Quelle impression formez-vous du message de l'article ? Notez cette impression. Quand vous aurez lu l'article, comparez cette première impression à celle de votre lecture. Ces mots sont-ils une bonne indication de l'article entier ?

B. Lecture du texte

1. Lisez le premier paragraphe de cet article. Remarquez à quel point les mots scientifiques et médicaux sont semblables aux mots anglais et espagnols. Profitez de cette similitude qui rend plus facile votre lecture de cet article compliqué. Indiquez le but de ce paragraphe : établir le sujet, donner un premier point de vue, résumer l'essentiel du texte, rappeler un point de départ,… d'autres buts ? Selon vous, quels sont les deux arguments les plus importants faits par l'auteur dans ce paragraphe ?

Notez dans votre dossier les mots que vous rencontrez pour la première fois dans ce texte. Remarquez également les mots parentés, comme *lorsque*, que vous connaissez probablement, et *lors de*, qui se présente dans ce premier paragraphe. Ajoutez ces mots à votre dossier, si nécessaire, avec des exemples qui indiquent leurs emplois.

2. Continuez à lire jusqu'à la fin du texte. Soulignez les mots inconnus, mais ne vous arrêtez pas : vous les chercherez plus tard. Placez un astérisque pour indiquer chaque phrase que vous ne comprenez pas, mais surtout, continuez à lire.

3. Selon ce que vous avez compris du texte, faites un résumé du texte en deux ou trois phrases, indiquant les découvertes, les problèmes et les espoirs.

4. Trouvez la phrase suivante dans le texte : « Jamais le fossé n'a été aussi béant, et tout indique qu'il va sans cesse s'élargir. » Cherchez le mot *fossé* ; donnez deux synonymes de ce mot. Dans votre dictionnaire français, trouvez le mot *béant* ; donnez aussi deux synonymes. Si vous avez un bon dictionnaire qui donne des mots proches, trouvez l'expression courante *bouche bée*. Expliquez comment le mot *bée* et le mot *béant* sont liés. Expliquez l'expression *bouche bée*.

5. Y a-t-il toujours des mots mystérieux que vous n'avez pas compris selon le contexte ? Si oui, employez vos stratégies de lecture et de dictionnaire afin de trouver le bon sens de ces mots.

Sida, les clairs-obscurs d'une nouvelle ère

par Jean-Yves Nau

On meurt de moins en moins, aujourd'hui, du sida. Du moins quand les malades peuvent, dans les pays industrialisés, bénéficier au plus tôt des dernières associations médicamenteuses efficaces contre cette infection virale. Le phénomène est tout particulièrement spectaculaire aux Etats-Unis, comme l'ont démontré les chiffres rendus publics lors de la 5e conférence sur les rétrovirus et les maladies opportunistes qui vient de s'achever à Chicago. Les données nationales américaines situent ainsi à 44 % la réduction du nombre des décès dus au sida entre le 1er semestre 1996 et celui de 1997. Tout indique que cette tendance, qui ne doit rien à la prévention, va en s'accentuant. On est loin, cependant, d'en avoir fini avec cette épidémie. De l'avis unanime des spécialistes réunis à Chicago on entre, pour reprendre la formule du professeur Kevin M. De Cock, responsable de la lutte contre le sida au Center for Disease Control d'Atlanta, dans une « *nouvelle ère* ».

Mais de quoi sera-t-elle faite ? La période qui s'ouvre voit des progrès scientifiques et médicaux incontestables confrontés à une progression constante, dramatique et, semble-t-il, inexorable de l'épidémie dans de nombreux pays du tiers-monde (la situation de la Chine devenant chaque jour de plus en plus préoccupante). Jamais le fossé n'a été aussi béant, et tout indique qu'il va sans cesse s'élargir. La conférence de Chicago aura fourni l'éclatante démonstration de la puissance de la virologie et de la biologie soutenues par l'énergie et l'appétit des multinationales pharmaceutiques.

Jamais on n'est allé aussi loin dans l'analyse des structures virologiques et cellulaires impliquées dans ce processus infectieux qui conduit au sida. Jamais on n'a mieux décrypté les enchaînements moléculaires qui, une fois le virus pénétré au sein de l'organisme humain, conduisent à la perturbation puis à la destruction du système immunitaire de ce même organisme, le privant du même coup de toute défense vis-à-vis des agressions microbiologiques. Et jamais non plus on n'avait détenu des armes aussi puissantes — les associations antirétrovirales — pour contrecarrer ce qui, hier encore, semblait irreversible.

En deux ans, le paysage de la pandémie de sida s'est profondément modifié, et l'espoir, progressivement, est né. Ce n'est qu'en janvier 1996, à Washington, lors de la 3e conférence sur les rétrovirus, qu'avaient été communiqués les premiers résultats des associations thérapeutiques antirétrovirales incluant des molécules antiprotéases. En 1997, lors de la même manifestation scientifique, ces progrès étaient dûment confirmés. Ils le sont à nouveau et de manière plus éclatante encore aujourd'hui.

Incertitudes

Pour autant, sur le fond, rien n'a changé. Les incertitudes demeurent quant à l'efficacité réelle et durable ainsi qu'à l'innocuité à long terme de ces cocktails antiviraux. Et les mystères touchant à la physiopathologie de cette déroutante maladie sont d'autant plus pesants que les virologistes et les immunologistes ne parviennent pas à les percer, alors que les structures du génome des multiples souches virales sont connues de la manière la plus précise qui soit. La même virologie, qui a permis la mise au point des médicaments efficaces, découvre que, contrairement à ce que l'on avait, trop vite, imaginé, l'association de ces molécules ne permet pas de faire totalement disparaître le virus chez les personnes qu'il a infectées. Elle démontre aussi que des phénomènes de résistance apparaissent progressivement, qui n'autorisent aucun espoir démesuré.

On assiste ainsi, depuis peu, à l'accélération de cette formidable course-poursuite où la tentative de contrôler ce mal pandémique répond à un génie infectieux hors du commun. L'exposé des obstacles rencontrés par la science et la médecine doit-il conduire à oublier ou à sous-estimer le chemin déjà parcouru ? La nouvelle ère qui s'ouvre dans la lutte contre le sida est riche d'une somme considérable de données concernant notamment l'origine, les mécanismes et la diffusion de l'épidémie. On dispose ainsi, en théorie, de moyens non négligeables pour en contrôler demain la progression.

Cette nouvelle ère devrait être caractérisée par la transformation de la représentation collective du sida. D'un mal mortel véhiculant de nombreux mystères, notamment parce qu'il est transmis par voies sanguine et sexuelle, on devrait progressivement passer à une maladie virale, sexuellement transmissible, dont l'évolution peut être contenue pendant de nombreuses années.

Sans doute cette transformation ne se fera-t-elle pas sans quelques difficultés. Elle imposera notamment que les obstacles qui existent encore quant au dépistage soient levés et que l'on prenne la mesure du fait que cette épidémie n'est plus synonyme d'homosexualité masculine ou de transfusion sanguine mais qu'elle frappe aujourd'hui, dans son immense majorité, les plus démunis, qu'ils vivent dans les pays riches ou dans ceux du tiers-monde. De ce point de vue, la manière dont ont été perçues et commentées, à Chicago, l'initiative lancée à Abidjan en décembre par Jacques Chirac et Bernard Kouchner, visant à la création d'un fonds mondial de solidarité thérapeutique, et celle d'Onusida, cherchant à lancer des expériences de trithérape dans différents pays du tiers-monde, n'est pas de bon augure.

C. Travail d'après-lecture
Questions de réflexion

1. D'après l'article, comment sera cette *nouvelle ère* ?

2. Quels problèmes demandent toujours d'être résolus ? Quels défis existent-ils encore pour la communauté médicale ?

3. Faites un résumé de la partie de l'article intitulé *incertitudes*. Sur quoi se base l'auteur pour faire un tel jugement sur l'avenir ?

4. L'article se boucle en offrant des initiatives proposées dans le monde. Qu'est-ce qui est proposé ? Par qui ? Où ? Et pour quels types de raisons, à votre avis ?

5. Y a-t-il des informations dans cet article qui vous sont nouvelles ? Qu'avez-vous appris à propos du sida ? Comparez ces informations de l'article à ce que vous avez déjà su sur le sujet **(Travail d'idées : B).**

Le ton, le point de vue du texte et/ou de l'auteur

1. A votre avis, quelle est l'opinion de l'auteur : est-elle plutôt positive ou négative envers le traitement de cette maladie ? Quels mots du texte vous mènent à cette conclusion ?

2. Pourquoi écrit-il cet article ? Quel est son objectif ?

D. Résumé du texte

Faites un résumé en deux ou trois phrases de cet article, et ensuite comparez votre résumé à celui d'un(e) autre étudiant(e). Avez-vous écrit des résumés semblables ? S'il y a des différences importantes, où se trouvent-elles ? Posez assez de questions à votre camarade de classe afin de voir d'où proviennent les différences. Avez-vous des positions idéologiques semblables ou différentes qui vous mènent à des différences de résumé, de compréhension ?

Lecture II : « Ulcère : La Contagion du chat », *Le Point* le 6 juin 1998

A. Travail d'avant-lecture

Tournez au texte intitulé « Ulcère : La Contagion du chat ». Avant de lire, trouvez les informations suivantes :

1. Identifiez le magazine dont l'article est tiré. Que savez-vous de ce magazine ? Si vous n'en savez rien, où et comment pouvez-vous vous renseigner ?

2. Qui est l'auteur ? Quelle est la date de publication du magazine ?

3. Quel est le genre de l'article ?

4. Lisez le titre « Ulcère : La Contagion du chat ». Enoncez une hypothèse concernant la nature des informations présentées dans l'article.

B. Lecture du texte

Lisez tout l'article. Comme dans le premier article de ce chapitre, vous serez capable de lire cet article assez scientifique si vous comptez sur votre connaissance des mots de racines grecque et latine. Ce sont ces mots-ci qui se ressemblent en français, anglais et espagnol — par exemple. Ces mots dits « internationaux » sont essentiels à tout ce qui est médecine, chimie et recherches scientifiques. En lisant ces mots, devinez leurs sens sans arrêter votre lecture. Comme d'habitude, soulignez les mots problématiques mais n'interrompez pas votre lecture. Marquez les phrases que vous ne comprenez pas avec des astérisques, mais continuez à lire.

Ulcère : La Contagion du Chat

par Nelly Torrent

L'ulcère de l'estomac est une affection qui ne cesse de surprendre : ces dernières années, on a, en effet, découvert que c'est une maladie infectieuse, liée dans 80 à 90 % des cas à la présence d'une bactérie, *Helicobacter pylori,* ce qui permet de la traiter efficacement par des antibiotiques. Ce germe, très répandu, semble coloniser l'estomac et le duodénum à partir de l'alimentation, à la faveur d'une mauvaise hygiène.

Dernier rebondissement, des chercheurs suisses du CHU vaudois, à Lausanne, viennent de montrer que la fréquentation des chats pourrait aussi provoquer certains ulcères de l'estomac. En s'intéressant de près au cas d'un dentiste qui avait dix ulcères récidivants, mais aussi deux adorables chats qu'il cajolait avec amour, l'équipe de Christine Dieterich a retrouvé trois différentes souches d'une bactérie de la même famille que *H. pylori, H. heilmannii.* Contrairement à la première, la seconde bactérie n'est pas propre à l'homme, mais infecte de 80 à 100 % des chats, chiens et porcs, chez lesquels elle provoque des troubles gastriques. L'examen génétique des souches isolées chez le dentiste a montré une similitude parfaite avec celles hébergées par l'estomac de ses deux chats. Les chercheurs, qui ont publié leurs travaux dans le *Journal of Clinic Microbiology,* pensent que l'ulcère gastrique pourrait, dans un certain nombre de cas, être une zoonose, c'est-à-dire une maladie transmise à l'homme par les animaux. Cela conforterait une hypothèse déjà évoquée dans de précédentes études, qui avaient montré que les 2 % d'humains contaminés par *H. heilmannii* ont des contacts fréquents avec des animaux.

C. Travail d'après-lecture

1. Cet article est nettement plus court que les autres que nous avons lus. A votre avis, quel est le but d'un article si bref ? Quel rôle joue-t-il pour le magazine ?

2. Analysez le premier paragraphe. Quelles informations y sont offertes ? Identifiez le but de ce paragraphe.

3. Notez le style de l'auteur. En particulier, étudiez la longueur des phrases. A quoi pouvez-vous attribuer ce style ? Pourquoi avoir des phrases si longues ? Qu'est-ce que cela apporte à l'article — ou pourquoi est-il possible d'avoir de longues phrases dans ce cas ? Comparez ce style à celui d'un autre article : trouvez-vous que ce style est unique ? Dans quels autres cas trouvez-vous le même genre de style ?

4. Etudiez le second (Quelle est la différence entre les mots *second* et *deuxième* ?) paragraphe. Résumez les résultats des recherches sur les bactéries, les causes et la probabilité d'une infection chez un être humain.

Notez dans votre dossier de vocabulaire les mots que vous avez cherchés. Mettez non seulement le mot, mais aussi le genre et le pluriel si c'est un substantif. Ajoutez également une phrase d'exemple avec le mot. Evitez de noter la traduction dans votre langue maternelle.

5. Que pensez-vous de la dernière information de l'article ? Comparez cette information au titre. Comment expliquez-vous la contradiction entre ce qui est suggéré et ce qui est précisé à la fin de l'article ? Pourquoi a-t-il gardé cette information jusqu'à la fin du texte ? Trouvez-vous cette dernière statistique confortante ou trahissante ? Notez aussi d'autres sources possibles de contagion : comparez cette information à ce qui est annoncé dans le titre. A votre avis, pourquoi n'est-elle pas mentionnée ?

Lecture III : A vous de choisir !

Vous pouvez choisir un des autres articles suggérés à la page suivante, ou bien vous pouvez trouver un article plus récent par Internet ou dans un magazine actuel.

Voir :

« Polly, brebis clonée, est dotée d'un gène humain », *Le Monde* le 2 août 1997

« 500 000 personnes ignorent être infectées par le virus de l'hépatite C », *Le Monde* le 28 juin 1997

Dialogues

A. Comparaison

Comparez les textes, et analysez les éléments suivants :

- Comparez les dates de publication : les questions qui y sont présentées sont-elles toujours en cause aujourd'hui ? Si non, comment ont-elles été résolues ?
- Comparez les magazines dans lesquels se trouvent les articles. Comment sont-ils semblables ou différents ?
- Comparez les points de vue des auteurs. Comment sont-ils semblables ou différents ?
- Comparez les objectifs des articles. Comment sont-ils semblables ou différents ?

B. Position à prendre

Qu'en pensez-vous ?

1. A ce point-ci, vous avez déjà lu au moins trois articles sur les avances médicales et scientifiques actuelles. Réfléchissez sur ce que vous avez appris grâce à vos lectures.

   Esquissez rapidement plusieurs points qui démontrent ce que vous avez appris.

   Avez-vous des questions qui ont été provoquées par vos lectures mais qui ne sont toujours pas résolues ? Si oui, comment pouvez-vous trouver d'autres informations ?

2. Choisissez un domaine de recherche médicale (le sida, le cancer, l'hépatite, le syndrome d'Alzheimer, etc.) qui vous intéresse. Mettez-vous en groupes avec d'autres étudiants de la classe qui s'intéressent au même sujet. Dressez une liste des problèmes dans ce domaine : ceux-ci peuvent être, par exemple, les guérisons à trouver, une prévention à trouver, les problèmes de la part des patients par rapport à la société, les lois pour protéger les atteints, etc.

C. Ecriture automatique

Après avoir travaillé en groupe, travaillez cette fois-ci individuellement. Découvrez tout ce que vous pensez et savez sur le sujet. Pendant cinq minutes, écrivez sans arrêt tout ce que vous pensez au sujet des problèmes reliés au domaine des recherches de votre choix. Comme dans les autres chapitres, vous pouvez passer d'une langue à une autre, comme vous voulez.

D. Exercice d'organisation

Regardez de près vos idées de l'écriture automatique. Trouvez dans ce que vous avez écrit une position à prendre et à développer dans votre essai individuel. Exprimez cette position dans une seule phrase qui pourrait vous servir de phrase d'introduction. Ensuite, mettez une organisation logique à vos idées de l'écriture automatique. Rayez les phrases répétitives ou sans importance. Numérotez vos phrases pour indiquer l'ordre dans lequel vous les emploierez.

E. L'autre côté de l'argument

Dans le chapitre 1, vous avez écrit un essai argumentatif en cinq paragraphes. Cette fois, nous entamons un essai de rhétorique français qui présente les deux côtés d'un argument, les côtés thèse et antithèse. Pour bien comprendre ce style d'écriture, imaginez que vous voulez convaincre votre lecteur de l'importance de la technologie médicale. Développez les grandes lignes de l'argument qui soutiennent l'idée de l'importance technologique. Mais, imaginez qu'il y ait quelqu'un (un lecteur peut-être) qui pense que les avances de la technologie médicale sont plutôt des méfaits que des bienfaits. Vous pouvez renforcer votre argument en admettant la possibilité d'une telle position, et en y répondant dans votre essai. Anticipez les objections de votre lecteur et démontrez comment ces objections sont moins importantes que vos bonnes lignes d'argument pour l'idée. C'est une écriture qui exige une certaine maîtrise de style car il faut nuancer les propositions. Mais c'est aussi un style très puissant car il sape la force de l'objection et présente un argument bien raisonné qui a tout pris en compte.

Une telle organisation se présente sous la forme suivante :

- Introduction qui annonce les grandes lignes de l'argument (thèse) et une défense contre la position imaginée de l'opposition
- La partie thèse, avec exemples et détails qui soutiennent l'argument de l'auteur
- La partie antithèse qui démontrent comment les objections contre l'argument de l'auteur ne sont pas valables, ou au moins pas aussi importants que les points pour l'argument de l'auteur
- Conclusion qui souligne le raisonnement de l'auteur et qui, tout pris en compte, soutient l'argument de l'auteur

Maintenant, retrouvez dans vos notes de votre écriture automatique les grandes lignes de votre argument. Ensuite, prenez cinq minutes pour esquisser les objections probables contre votre argument. Après, essayez de trouver une réponse à chaque objection. En dernier lieu, organisez les points pour et contre votre idée de thèse.

F. Travail de groupe

De nouveau en petits groupes selon rubrique, organisez-vous pour que chaque personne lise à haute voix sa phrase d'introduction. Présentez vos idées pour votre opinion et présentez les objections que vous avez notées et vos réponses à celles-ci. Notez les réactions des autres dans le groupe. Vos arguments sont-ils bons, suffisamment soutenus ?

IV. PROBLÉMATISONS !

A. Rédaction individuelle

Comme dans les autres chapitres, développez vos idées personnelles d'une façon formelle à l'écrit. Rédigez un essai d'argumentation thèse-antithèse qui présente votre position et persuade votre lecteur de la validité de votre argument. Profitez des notes prises en classe aussi bien que de votre écriture automatique pour écrire cet essai.

Avant de commencer :

1. Notez exactement les grandes lignes de votre argument.
2. Ecrivez à part la phrase de thèse.
3. Indiquez la partie thèse avec les exemples ou détails les plus importants que vous mettrez dans votre essai.
4. Indiquez la partie antithèse avec les exemples ou détails les plus importants que vous mettrez dans votre essai.
5. Esquissez en gros votre conclusion.

B. Correction réciproque

Apportez deux exemplaires de votre essai en classe. Echangez un exemplaire avec un(e) camarade de classe. Avant de lire l'essai de votre camarade, suivez les guides proposés dans le **Comment faire ?** dans l'Appendice 1 pour faire des corrections réciproques. Attention : Une correction suggérée par votre camarade n'est pas forcément correcte. Soyez vigilant(e) et vérifiez tout vous-même. Rejetez toute correction ou suggestion que vous jugez incorrecte ou inappropriée.

C. Remise en question

Regardez de près les suggestions et critiques offertes par votre camarade de classe sur le contenu et la forme de votre composition, afin d'arriver à un jugement quant à la solution (ou l'acte approprié à prendre) pour chaque suggestion et critique.

1. Quelles sont les suggestions et critiques faites par votre camarade de classe sur le contenu de votre composition ?

   D'abord, faites une liste exhaustive de ces suggestions et critiques. Ensuite, pour chaque suggestion ou critique, répondez aux questions suivantes. A la fin de ce processus de critique et d'autocritique, vous arriverez à un jugement quant à l'acte à prendre dans chaque cas.

   a. Quelles positions (ou valeurs et convictions) sous-tendent cette suggestion ou critique ?
   b. La perspective (ou position idéologique) exprimée par cette suggestion ou critique est-elle représentée dans votre composition ? Si oui, où ? Si non, où et comment l'insérer dans votre texte ?

c. Quelle critique (ou contre-critique) portez-vous contre votre propre position idéologique ainsi que celles proposées par votre camarade de classe ? Avez-vous inclus cette critique dans votre texte ?

2. Quelles sont les suggestions et critiques faites par votre camarade de classe touchant à la forme de votre composition ?

   a. Faites une liste exhaustive de ces suggestions et critiques.

   b. Consultez un dictionnaire ou un manuel de grammaire pour confirmer ou rejeter chaque suggestion ou critique. Si vous n'arrivez pas à confirmer ou à rejeter une suggestion ou critique, consultez d'autres personnes et/ou votre professeur.

D. Travail de révision

Hors de la classe, travaillez afin de corriger votre essai selon les décisions que vous avez prises en C. Vous rendrez cette version de votre essai à votre professeur. Soyez encore prêt(e) à le réviser encore. Votre professeur corrigera votre essai et vous donnera la possibilité de le réviser encore une fois si nécessaire.

E. Travail collaboratif

Travaillez avec toute la classe afin d'écrire un essai collaboratif.

1. Travaillant ensemble, établissez le plan d'un essai qui reflète les idées du groupe entier. Quel est l'argument principal de l'essai ? Quels seront les points principaux de l'essai ? Ecrivez collaborativement un paragraphe d'introduction.

2. Divisez-vous en petits groupes (quelques groupes de thèse et quelques groupes d'antithèse) et rédigez un paragraphe qui traite d'un seul argument de cet essai collaboratif. Ecrivez, comme groupe, une phrase d'introduction ; donnez deux ou trois exemples et/ou détails qui soutiennent votre argument, et écrivez une phrase pour conclure votre paragraphe. Présentez votre paragraphe à la classe entière et insérez-le dans l'essai.

3. De nouveau comme classe entière, lisez l'essai collaboratif. Décidez si les phrases de transitions sont toujours à propos ; si non, corrigez-les. Ajoutez les arguments et/ou les détails qui manquent. Ecrivez un paragraphe de conclusion. Corrigez les phrases pour l'exactitude si nécessaire.

Chapitre 4

L'Environnement

I. REMUONS LE SUJET !

Remue-méninges : Comment trouver des idées ? Qu'est-ce que vous en savez déjà ?

Travail d'idées

A. A quoi pensez-vous lorsque vous entendez le mot *environnement* ? Quelles associations avez-vous à ce mot ? Seul(e) ou avec un(e) camarade de classe, faites en dix minutes environ une liste exhaustive des associations et/ou caractéristiques de ce mot. Comme d'habitude, ne faites attention ni aux fautes d'orthographe ni à la langue utilisée (anglais, français, votre langue maternelle, etc.) : vous corrigérez l'expression française dans une seconde étape.

B. Refaites la même activité pour le mot *écologie*.

C. Comparez les deux listes que vous avez générées. Quelles sont les différences entre les deux listes ? les similitudes ? Avez-vous une préférence entre ces deux mots : lequel est le plus positif pour vous ? Pourquoi ?

Travail de vocabulaire

A. Prenez cinq minutes pour organiser et regrouper en catégories les mots et phrases courtes que vous avez générés. Essayez d'établir trois à quatre groupes ou catégories de mots associés. Intitulez chaque catégorie créée (exemples possibles : la beauté, la protection, la pollution, le recyclage, les problèmes créés par le monde industrialisé, les problèmes du tiers (du troisième) monde.

B. En employant un bon dictionnaire bilingue (français–votre langue maternelle), trouvez les expressions françaises équivalentes des mots ou phrases courtes dans votre liste que vous avez rédigés en une autre langue. Ajoutez ces mots et expressions français aux catégories de vos listes.

C. Avec un(e) camarade de classe ou en groupe, travaillez sur les rubriques suivantes : l'environnement, l'écologie, les Verts (les partis politiques), les parcs nationaux, les lois de protection de la nature, les règlements des sociétés, la pollution des ressources naturelles, le recyclage. Pour chaque catégorie, dressez une liste en commun des mots ou associations tirés de vos propres listes.

Vocabulaire utile

un(e) scientifique	un(e) écologiste	un homme/une femme politique
la pollution de l'air/de l'eau/de l'environnement/ de la mer/de l'océan		
polluer	un polluant	contaminer souiller

l'ozone (*m*)	une couche d'atmosphère	l'air contaminé/vicié
le soleil	le rayonnement solaire	l'effet de serre (*m*)
le réchauffement de la température/de la terre		
la radioactivité	les déchets (*m*) radioactifs	
la sûreté des installations nucléaires	assurer	mettre en question
protéger	nettoyer	
interdire	promouvoir	
faire une manifestation	manifester contre quelque chose	
faire une expérience dans un laboratoire	expérimenter en laboratoire	
le Ministère de l'Environnement	le pôle Nord/Sud	

Notez dans votre dossier de vocabulaire d'autres mots utiles découverts lors de cette discussion.

D. Avec votre professeur, choisissez les rubriques que vous voulez discuter comme classe entière. Mettez les listes de chaque groupe au tableau. Chaque groupe devrait suggérer au moins deux mots de leur propre liste.

II. THÉMATISONS !

Dans cette partie, nous commençons une étude critique des défis posés par l'environnement.

A. Description

Décrivez un incident qui explique ou exemplifie une des associations que vous avez envers « l'environnement » ou une autre rubrique déjà mentionnée. Quoique vous ayez déjà énuméré les problèmes ou défis dans les rubriques, cette fois vous rendrez personnelle votre expérience dans ce domaine. Parlez non seulement de l'événement, mais aussi et surtout de vos attitudes à l'époque envers l'environnement.

Questions à considérer

Comment cette expérience significative m'a-t-elle influencé(e) ? Quelles ont été mes réactions à cette expérience ? Quelle est ma position vis-à-vis de l'environnement ? A-t-elle changé ?

B. Information

Retournez à vos descriptions pour identifier les relations fondamentales qui existent entre les éléments *qui, quoi, quand* et *où* contenus dans vos narrations. Trouvez tout ce qui relie votre expérience à votre opinion de l'importance de l'environnement vis-à-vis d'autres priorités dans le monde actuel. Vos opinions sont-elles directement influencées par votre expérience ? Si non, imaginez des explications, ou imaginez ce qui pourrait être plus fort que votre expérience personnelle. A partir de cette analyse, résumez vos attitudes générales.

C. Confrontation

Confrontez vos positions, convictions, croyances et suppositions. Esquissez à l'écrit vos réponses aux questions-guides suivantes.

Questions à considérer

D'où viennent mes opinions ? Quelles pratiques ou attitudes sociales reflètent-elles ? Ma position est-elle celle de la société en général ?

Quels intérêts ou buts servent mes opinions ? Qu'est-ce qui les maintient ou les renforce ? Qu'est-ce qui les contient ou les contraint ? Quelles sont les relations qui existent entre ma position personnelle et l'attitude générale de ma communauté vis-à-vis de l'environnement ?

En groupes de deux ou trois étudiants, discutez de ce qui peut contraindre ou renforcer des attitudes au niveau social.

D. Reconstruction

Rédigez un résumé de vos idées et de vos réflexions sur le sujet mis en question en C. Essayez d'écrire une ou deux pages ; pour le moment, concentrez-vous sur vos idées. Vous travaillerez la grammaire et l'expression française plus tard.

III. RENSEIGNONS-NOUS !

Lecture I : « Les Vaches et l'effet de serre », *Le Point* le 6 juin 1998

A. Travail d'avant-lecture

Tournez au texte qui s'intitule « Les Vaches et l'effet de serre ». Avant de lire, trouvez les informations suivantes :

1. D'où vient l'article ? Que savez-vous de ce magazine ? Qu'attendez-vous de ce magazine ?
2. Qui est l'auteur ?
3. Quand l'article a-t-il été écrit ?

4. Lisez le titre « Les Vaches et l'effet de serre ». Si vous connaissez le verbe *serrer*, devinez un sens possible pour l'expression *l'effet de serre,* et vérifiez-le soit dans un dictionnaire, soit avec un(e) camarade de classe.

5. Avant de lire, énoncez le sens général de l'article, selon les pistes dans le titre.

B. Lecture du texte

1. Lisez le premier paragraphe de cet article. Indiquez-en le but de ce paragraphe : établir le sujet, donner un premier point de vue, résumer l'essentiel du texte, rappeler un point de départ,... d'autres buts ?

2. Continuez à lire jusqu'à la fin du texte. Soulignez les mots inconnus, mais ne vous arrêtez pas : vous les chercherez plus tard. Mettez un astérisque pour indiquer chaque phrase que vous ne comprenez pas mais surtout, continuez à lire.

3. Selon ce que vous avez compris du texte, quels sont le problème et la cause exposés dans cet article ?

4. Quelles sont les solutions proposées dans l'article ?

5. Y a-t-il toujours des mots mystérieux que vous n'avez pas compris selon le contexte ? Si oui, employez vos stratégies de lecture et de dictionnaire afin de trouver le bon sens de ces mots.

Notez dans votre dossier de vocabulaire les mots que vous avez cherchés. Mettez non seulement le mot, mais aussi le genre et le pluriel si c'est un substantif. Ajoutez également une phrase d'exemple du mot. Evitez de noter la traduction dans votre langue maternelle.

Les Vaches et l'effet de serre

par Frédéric Lewino

La prochaine fois que vous regarderez une paisible vache ruminer, dites-vous bien que vous assistez à un « crime » contre le climat. En effet, la rumination produit du méthane, un gaz qui participe à l'effet de serre...

On le sait depuis longtemps, mais Michel Vermorel, directeur de recherche à l'Inra, a voulu connaître l'exacte importance de ce phénomène. En plaçant des vaches dans une enceinte respiratoire, il a enregistré une émission moyenne de 350 litres de méthane par jour. Si l'on extrapole ce chiffre à l'ensemble du tropeau français, on aboutit à un rejet de 1,5 million de tonnes par an. Voilà comment les effluves annuels de tous les herbivores de la planète comptent pour 16 % du méthane émis. Ce qui les rend responsables de 2,4 % de l'effet de serre.

Le méthane est produit essentiellement dans le rumen, premier compartiment de l'estomac des ruminants. La fermentation du fourrage y libère de l'hydrogène, que des bactéries spécifiques combinent avec du gaz carbonique pour produire ce méthane. Michel Vermorel cherche comment diminuer cette production chez les vaches. Des pistes existent. Par exemple... intensifier le rendement laitier. Il se trouve en effet qu'une grosse laitière emet 40 % de méthane de moins qu'une petite. « *On peut aussi jouer sur l'alimentation,* explique le chercheur, *car un fourrage concentré produit une acidification qui inhibe les bactéries méthanisantes.* » Mais en tout état de cause, le gain sur la production de méthane ne dépassera jamais 20 %. Soit, au mieux, une diminution de 0,5 % de l'effet de serre.

Mieux vaudrait, peut-être, laisser les vaches ruminer en paix et électrifier les trains à vapeur ou au diesel qu'elles regardent passer.

C. Travail d'après-lecture
Questions de réflexion

1. A votre avis, pourquoi l'auteur écrit-il un article pareil qui traite des émissions des vaches ?
2. Croyez-vous que le problème soit grave ? qu'il mérite un article dans un magazine ? Si oui, pourquoi ? Si non, pourquoi pas ?
3. D'après ce que vous avez lu, à votre avis, quelle est l'opinion politique de l'auteur ?

D. Résumé du texte

Faites un résumé en deux ou trois phrases de cet article, et ensuite comparez votre résumé à celui d'un(e) autre étudiant(e). Avez-vous écrit des résumés semblables ? S'il y a des différences importantes, où se trouvent-elles ? Posez assez de questions à un(e) autre camarade de classe afin de voir d'où proviennent les différences. Avez-vous des opinions différentes en ce qui concerne l'environnement, son importance et la politique envers les questions environnementales ?

Lecture II : « La Difficile Gestion des déchets radioactifs », *Le Monde* le 7 février 1997

A. Travail d'avant-lecture

Tournez au texte intitulé « La Difficile Gestion des déchets radioactifs ». Avant de lire, trouvez les informations suivantes :

1. Identifiez le journal d'où l'article est tiré. Que savez-vous de ce journal ? Si vous n'en savez rien, comment pouvez-vous vous renseigner ?
2. Qui est l'auteur ? Quelle est la date de publication ?
3. Que savez-vous de l'énergie nucléaire ? de la gestion des déchets nucléaires ? Que savez-vous sur la question aux Etats-Unis ? dans un autre pays ? Quelle est votre politique sur la question ? D'où viennent vos idées sur ces questions ? Si vous en savez peu, cherchez des informations soit sur Internet, soit à la bibliothèque. Si vous en savez beaucoup, vérifiez vos idées.

B. Lecture du texte

1. Lisez le premier paragraphe. Savez-vous ce que c'est que *Superphénix* ou bien *Phénix* ? Si non, comment pouvez-vous vous renseigner ?
2. Lisez le deuxième paragraphe. Il y a deux idées principales : identifiez-les.
3. Lisez jusqu'à la fin de l'article. Soulignez les mots problématiques, mais n'interrompez pas votre lecture : vous les chercherez plus tard. Placez un astérisque devant les phrases que vous ne comprenez pas, mais continuez à lire.

La Difficile Gestion des déchets radioactifs

par Pierre Le Hir

Fermeture de Superphénix redémarrage de Phénix, construction de laboratoires souterrains : à travers ces différents dossiers se trouve posée l'épineuse question de la gestion des déchets nucléaires.

Chaque année, EDF décharge de ses 56 réacteurs 1,200 tonnes de combustible usé, contenant 96 % d'uranium appauvri, 1 % de plutonium et 3 % de produits de fission et d'actinides mineurs. Après retraitement, l'uranium et le plutonium sont actuellement recyclés en combustible Mox, tandis que les autres résidus, extrêmement irradiants et à très longue durée de vie, sont vitrifiés et stockés dans des puits, dans l'attente d'une solution à long terme. La loi du 30 décembre 1991 a prévu, concernant ces déchets, des recherches dans trois directions : leur « transmutation » en éléments moins toxiques, dans des réacteurs spécialisés ; leur enfouissement dans des formations géologiques profondes ; enfin, leur conditionnement en vue d'un entreposage de longue durée en surface.

Pour mettre en œuvre la première de ces solutions, l'une des méthodes les plus prometteuses — mais qui exige beaucoup d'études — consiste à casser ou à transformer les radionucléides en les bombardant par des flux intenses de neutrons. Or les surgénérateurs, ou réacteurs à neutrons rapides, sont bien adaptés à cet usage. Superphénix, ex-prototype industriel reconverti en outil de recherche, aurait pu servir à de tels essais, mais il n'offrait pas la souplesse d'un réacteur expérimental.

Superphénix abandonné, il était nécessaire, pour continuer à explorer cette voie, de remettre en service son « petit frère », le surgénérateur Phénix de Marcoule (Gard). Ce réacteur de 250 mégawatts, construit au début des années 70, victime de plusieurs incidents, est arrêté depuis bientôt trois ans. Ses installations ont beaucoup vieilli, mais il a bénéficié de travaux de jouvence, et l'autorité de sûreté a récemment autorisé son redémarrage à puissance réduite. Toutefois, la plupart des scientifiques jugent *« peu réaliste »* la perspective de l'éminination des déchets nucléaires par transmutation si des efforts de recherche considérables ne sont pas entrepris.

Parallèlement, la loi Bataille a prévu la création d'au moins deux laboratoires souterrains, destinés à étudier, *in situ,* la possibilité d'enfouir ces déchets dans des couches d'argile ou de granite profondes, où leur confinement devra être garanti pendant plusieurs milliers, voire plusieurs millions, d'années, mais le conseil interministériel a différé le choix des sites d'implantation à la fin du premier semestre, après les élections régionales.

Dominique Voynet et, de façon générale, les écologistes, mais aussi Claude Allègre, le ministre de l'éducation nationale, de la recherche et de la technologie, sont hostiles au principe de l'enfouissement, auquel ils préféreraient la troisième option, celle du conditionnement et de l'entreposage de longue durée en surface ou en « subsurface » : le temps de permettre aux recherches sur l'élimination des déchets de progresser suffisamment. Les crédits affectés à cet axe augmenteront de 15 % cette année et de 20 % en 1998. C'est en 2006 que le Parlement devra trancher entre ces différentes solutions.

C. Travail d'après-lecture

1. Quelles sont les solutions exposées et proposées dans l'article ?
2. Esquissez le plan de cet article, en indiquant ce qui est obligatoire vis-à-vis de la loi Bataille.
3. Quelles sont les trois options offertes et démontrées au long de l'article ? Quels sont les points forts et les points faibles pour chaque option ?
4. Résumez la conclusion de l'article. Qu'est-ce qui sera fait, quand et par qui ?
5. Retournez aux mots soulignés. Essayez de deviner leurs sens d'après le contexte de la phrase et après avoir lu tout l'article. Vérifiez dans un dictionnaire français la définition que vous avez donnée au mot. Aviez-vous raison ?

Notez dans votre dossier de vocabulaire les mots que vous avez cherchés. Mettez non seulement le mot, mais aussi le genre et le pluriel si c'est un substantif. Ajoutez également une phrase d'exemple avec le mot. Evitez de noter la traduction dans votre langue maternelle.

Lecture III : A vous de choisir !

Vous pouvez choisir un des autres articles ci dessous, ou bien vous pouvez trouver un article plus récent par Internet ou dans un magazine actuel.

Voir :

« Au Japon, la vignette poubelle », *L'Express* le 1 janvier 1998

« L'Allemagne les voit de toutes les couleurs », *L'Express* le 1 janvier 1998

Dialogues

A. Comparaison

Comparez les textes lus par la classe et le texte de votre choix, et analysez les éléments suivants :

* Comparez les dates de publication : les questions qui y sont présentées sont-elles toujours en cause aujourd'hui ? Si non, comment ont-elles été résolues ?
* Comparez les magazines dans lesquels se trouvent les articles. Comment sont-ils semblables ou différents ?
* Comparez les points de vue des auteurs. Comment sont-ils semblables ou différents ?
* Comparez les objectifs des articles. Comment sont-ils semblables ou différents ?

B. Position à prendre

Qu'en pensez-vous ?

1. Vous rappelez-vous les associations que vous avez faites aux questions de l'environnement au début du chapitre ? Maintenant, après votre lecture des articles, réfléchissez de nouveau à cette question de l'environnement. Est-ce que les articles vous ont fourni de nouvelles informations sur le sujet ? Ont-ils changé votre avis sur le sujet ?
2. Réfléchissez sur votre opinion de l'environnement. Choisissez une rubrique (questions politiques, l'eau, les forêts, la pollution, l'énergie nucléaire, les parcs nationaux, le recyclage, etc.) qui vous intéresse. Mettez-vous en groupes avec d'autres étudiants de la classe qui s'intéressent à la même rubrique. Dressez une liste des caractéristiques dans ce domaine. Décidez sur une seule phrase qui exprime l'essentiel de la position du groupe.

C. Ecriture automatique

Après avoir travaillé en groupe, travaillez maintenant d'une façon individuelle. Découvrez tout ce que vous pensez personnellement sur le sujet. Pendant cinq minutes, écrivez sans arrêt tout ce que vous pensez à votre sujet choisi. Comme dans les autres chapitres, vous pouvez passer d'une langue à une autre, comme vous voulez.

D. Exercice d'organisation

Regardez les idées écrites pendant l'écriture automatique et trouvez une organisation logique. Rayez les phrases répétitives ou sans importance. Numérotez vos phrases pour indiquer l'ordre dans lequel vous les emploierez. Ecrivez une phrase d'introduction qui résume votre position/opinion.

E. Travail de groupe

De nouveau en petits groupes selon rubrique, organisez-vous pour que chaque personne lise à haute voix sa phrase d'introduction. Soutenez vos opinions selon vos idées de l'écriture automatique. Au tableau, votre professeur fera la liste des caractéristiques selon les rubriques. Pendant que les autres suggèrent des idées, indiquez celles qui peuvent vous être utiles dans vos notes. Remarquez s'il y a des caractéristiques qui relient la question de l'environnement à travers des rubriques. Pouvez-vous arriver, en tant que classe entière, à un entendement qui englobe des domaines différents ?

IV. PROBLÉMATISONS !

A. Rédaction individuelle

C'est à vous de développer vos idées à l'écrit. Rédigez un essai d'exposition qui présente et explique votre position sur l'environnement aujourd'hui. Vous pouvez traiter de n'importe quel sujet discuté au long de ce chapitre. Vos notes prises en classe aussi bien que vos idées de l'écriture automatique devraient vous servir dans cette tâche.

Avant de commencer :

1. Précisez exactement les grandes lignes de l'argument que vous développerez dans votre essai.
2. Ecrivez à part votre phrase de thèse.
3. Indiquez les trois exemples ou arguments les plus importants que vous mettrez dans votre essai.
4. Esquissez votre conclusion.

B. Correction réciproque

Apportez deux exemplaires de votre essai en classe. Echangez un exemplaire avec un(e) camarade de classe. Avant de lire l'essai de votre camarade, suivez les guides proposés dans le **Comment faire ?** dans l'Appendice 1 pour faire des corrections réciproques. Attention : Une correction suggérée par votre camarade n'est pas forcément correcte. Soyez vigilant(e) et vérifiez tout vous-même. Rejetez toute correction ou suggestion que vous jugez incorrecte ou inappropriée.

C. Remise en question

Examinez de plus près les suggestions et critiques offertes par votre camarade de classe sur le contenu et la forme de votre composition, afin d'arriver à un jugement quant à la solution (ou l'acte approprié à prendre) pour chaque suggestion et critique.

1. Quelles sont les suggestions et critiques faites par votre camarade de classe sur le contenu de votre composition ?

   D'abord, faites une liste exhaustive de ces suggestions et critiques. Ensuite, pour chaque suggestion ou critique répondez aux questions suivantes. A la fin de ce processus de critique et d'autocritique, vous arriverez à un jugement quant à l'acte à prendre dans chaque cas.

   a. Quelles positions (ou valeurs et convictions) sous-tendent cette suggestion ou critique ?

   b. La perspective (ou position idéologique) exprimée par cette suggestion ou critique est-elle représentée dans votre composition ? Si oui, où ? Si non, où et comment l'insérer dans votre texte ?

   c. Quelle critique (ou contre-critique) portez-vous contre votre propre position idéologique ainsi que celles proposées par votre camarade de classe ? Avez-vous inclus cette critique dans votre texte ?

2. Quelles sont les suggestions et critiques touchant à la forme de votre composition ?

   a. Faites une liste exhaustive de ces suggestions et critiques.

   b. Consultez un dictionnaire ou un manuel de grammaire pour confirmer ou rejeter chaque suggestion ou critique. Si vous n'arrivez pas à confirmer ou à rejeter une suggestion ou critique, consultez d'autres personnes et/ou votre professeur.

D. Travail de révision

Hors de la classe, travaillez afin de corriger votre essai selon les décisions que vous avez prises en C. Vous rendrez cette version de votre essai à votre professeur. Soyez encore prêt(e) à le réviser encore. Votre professeur corrigera votre essai et vous donnera la possibilité de le réviser encore une fois si nécessaire.

E. Travail collaboratif

Travaillez avec toute la classe afin d'écrire un essai collaboratif.

1. Travaillant ensemble, établissez le plan d'un essai qui reflète les idées du groupe entier. Quel est l'argument principal de l'essai ? Quels en seront les points principaux ? Ecrivez collaborativement un paragraphe d'introduction.

2. Divisez-vous en petits groupes et rédigez un paragraphe qui traite d'un seul argument de cet essai collaboratif. Ecrivez, comme groupe, une phrase d'introduction ; donnez deux ou trois exemples et/ou détails qui soutiennent votre thèse, et écrivez une phrase pour conclure votre paragraphe. Présentez votre paragraphe à la classe entière et insérez-le dans l'essai.

3. De nouveau comme classe entière, lisez l'essai collaboratif. Décidez si les phrases de transitions sont toujours à propos : si non, corrigez-les. Ajoutez les arguments et/ou les détails qui manquent. Ecrivez un paragraphe de conclusion. Corrigez les phrases pour l'exactitude si nécessaire.

Chapitre 5

La Population mondiale

I. REMUONS LE SUJET !

Remue-méninges : Comment trouver des idées ? Qu'est-ce que vous en savez déjà ?

Travail d'idées

A. Thèmes et sujets brûlants
Les titres et extraits suivants proviennent de publications diverses sur la croissance de la population mondiale. Lisez ces titres et passages attentivement, puis faites une liste des thèmes et sujets brûlants traités.

> ### « La réduction de la dimension de la famille peut s'avérer bénéfique du point de vue économique. »

> ### *« L'ère de l'accroissement rapide de la population n'est pas encore révolue. »*

> *« La sous-alimentation chronique affecte aujourd'hui environ 800 millions de personnes, alors que la population mondiale va bientôt atteindre l'effectif de 6 milliards. »*

> ### **« Une bonne nouvelle ! La bombe démographique est désamorcée. Les experts sont formels : le ralentissement de la croissance démographique est général mais inégal ! »**

> « L'ACCROISSEMENT RAPIDE DES POPULATIONS ÂGÉES APPELLE UNE PLANIFICATION MÛREMENT RÉFLÉCHIE. »

> ### « L'accroissement démographique, qui est le principal facteur à l'origine de l'augmentation des besoins alimentaires, contribue à accroître la pression qui s'exerce sur les ressources naturelles. »

B. Le débat
Travaillez avec un(e) camarade de classe pour répondre aux questions suivantes : Que disent ces titres et extraits du débat sur l'état de la population mondiale ? Quelles sont les différentes positions adoptées sur l'accroissement de la population mondiale ?

C. Conscience collective
En petits groupes, échangez vos positions respectives sur l'état de la population mondiale. Quels sont les points d'accord et de désaccord parmi les membres de votre groupe ?

Travail de vocabulaire

A. Associations

Individuellement, trouvez au moins cinq mots ou expressions associés aux catégories données.

Population	Ressources naturelles	Croissance	Planification

B. Listes collectives

Avec un(e) partenaire ou en groupes de trois, faites une liste exhaustive des associations en comparant vos listes respectives. Quels termes ou expressions avez-vous en commun ?

C. Petite conversation

Avec un(e) camarade de classe, entamez une petite conversation sur la croissance de la population aux Etats-Unis. Parlez spécifiquement de l'évolution démographique, des mouvements démographiques, de la mobilité de la population, de la population active et des populations âgées.

Vocabulaire utile

le surpeuplement

la densité de la population

la répartition de la population

la fécondité

l'espérance de vie (*f*)

l'accroissement (*m*)

la contraception

le recensement

l'exode (*m*) rural

le dépeuplement

le recensement de la pollution

la planification familiale

le taux de natalité

la généalogie

le taux de croissance

l'indice synthétique de fécondité (*m*)

la famille étendue

II. THÉMATISONS !

Maintenant, entamons une analyse critique des sujets et thèmes remués.

A. Description

La planification familiale est aujourd'hui un sujet brûlant. Des conférences locales, nationales et internationales sont organisées régulièrement pour traiter des stratégies de planification dans le but de ralentir l'accroissement naturel de la population mondiale. Dans nos communautés respectives, certaines des stratégies suggérées sont quotidiennement débattues : la contraception, l'avortement. Décrivez un ou plusieurs incidents qui illustrent les associations que vous faites entre la contraception et la croissance de la population, entre l'avortement et la croissance de la population, ou autre stratégie et la croissance de la population.

Questions à considérer

Quelle sont mes réactions à la popularisation de la pilule ? aux politiques de planification familiale qui limitent le nombre d'enfants par famille ? à l'avortement légal et clandestin?

Quelles sont les sources ou origines de ma position et de mes réactions ?

Est-ce que je considère l'avortement comme un outil de planification familiale ? Pourquoi ou porquoi pas ?

B. Information

Revisitez vos descriptions pour clarifier et examiner les relations fondamentales qui existent entre les éléments *qui, quoi, quand* et *où* contenus dans vos narrations. Trouvez tout ce qui relie votre expérience à votre opinion sur la croissance de la population mondiale, la contraception et l'avortement. Vos opinions sont-elles directement influencées par vos expériences personnelles ? Si oui, lesquelles ? Si non, comment alors expliquez-vous vos réactions et opinions ?

C. Confrontation

1. Petit paragraphe écrit : Composez, individuellement, un court paragraphe dans lequel vous confrontez votre position et vos convictions sur la croissance démographique mondiale et ses conséquences.

Questions à considérer

Quel rôle mon expérience personnelle joue-t-elle dans l'expression des mes réactions initiales ?

A quel degré les opinions d'autres personnes influencent ma position sur la croissance de la population ? Quelles sont les informations contenues dans ces opinions ? Qui sont les auteurs de ces opinions ou positions ?

Que sais-je sur ce sujet par mes lectures passées ? A quel degré mes lectures passées influencent-elles ma position et mes réactions ? Qui sont les auteurs de ces documents ?

2. En groupes de deux ou trois étudiants, discutez les idées exprimées dans vos paragraphes. Cherchez à identifier les facteurs sociaux qui contraignent ou renforcent les différentes attitudes observées dans vos paragraphes.

D. Reconstruction
En une ou deux pages, faites un résumé de vos idées et réflexions sur le sujet de la population mondiale. Ne vous concentrez ni sur la grammaire ni sur l'expression française. L'objectif de l'exercice est de mettre sous forme écrite toutes vos idées et réflexions critiques.

III. Renseignons-nous !

Lecture I : « L'Ère de l'accroissement rapide de la population n'est pas encore révolue », UNFPA 1998

A. Travail d'avant-lecture
Trouvez au texte intitulé « L'Ère de l'accroissement rapide de la population n'est pas encore révolue ». Avant de le lire, trouvez les informations suivantes :

1. Cet article provient du site du *Fonds des Nations Unies pour la population*. Que pensez-vous des textes publiés sur Internet ? Ces publications sont-elles aussi crédibles que les textes publiés dans les journaux ou les livres ?

2. Que savez-vous du *Fonds des Nations Unies pour la population* ? Selon vous, quelle peut être la mission de cet organisme ?

3. Visitez le site **http://www.unfpa.org/swp/1998/french/newsfeature3.htm** du *Fonds des Nations Unies pour la population*. Remarquez les titres des autres articles publiés avec notre article cible. Quelle(s) relation(s) observez-vous entre tous ces articles ?

4. En vous basant sur le titre de l'article, essayez de deviner son contenu et son intention.

B. Lecture du texte

Cet article fait partie d'un volume publié par le *Fonds des Nations Unies pour la population* intitulé « Etat de la population mondiale : Les Générations nouvelles ». Toute lecture de cet article doit prendre en compte son placement dans le contexte du débat nourri par l'ensemble du volume. Il est donc important que vous situiez cet article : Quelle relation existe-t-elle entre cet article et les autres articles compris dans le volume ? Quelle est la fonction de cet article : informer ? persuader ? divertir ?

1. Lisez le premier paragraphe de cet article. Qu'est ce que ce paragraphe indique des intentions de l'auteur ? De quelle position part l'auteur ?

2. Lisez le reste de l'article.

   a. Soulignez tous les mots et expressions inconnus.

   b. En un paragraphe, indiquez ce que vous avez compris de cet article. Quel est le problème traité par cet article ? Quelle est la position prise par l'auteur ? Quels sont les arguments majeurs avancés par l'auteur ?

   c. Faites une liste exhaustive des informations dans cet article que vous saviez déjà, puis des informations qui vous sont nouvelles.

   d. Y a-t-il toujours des mots ou expressions que vous ne comprenez pas ? En groupes de deux ou trois, discutez les définitions possibles de ces mots ou expressions.

Notez dans votre dossier de vocabulaire les mots que vous avez cherchés. Mettez non seulement le mot, mais aussi le genre et le pluriel si c'est un substantif. Ajoutez également une phrase d'exemple du mot. Evitez de noter la traduction dans votre langue maternelle.

L'Ere de l'accroissement rapide de la population n'est pas encore révolue

La baisse de la fécondité et la réduction de la dimension des familles ont fait dire à d'aucuns que « c'en était fini de l'explosion démographique » et qu'il n'était plus nécessaire de militer en faveur du choix en matière de reproduction et d'un ralentissement de l'accroissement de la population. De telles affirmations sont erronées à plus d'un titre.

La population mondiale augmente aujourd'hui de plus de 80 millions d'individus par an, contre 58 millions en 1960, au plus fort de l'« explosion démographique ». Comme le signale le rapport *Etat de la population mondiale 1998* publié par le Fonds des Nations Unies pour la population, le taux annuel de croissance est beaucoup moins élevé (1,4 %, contre 2 %), mais la population de base, elle, a doublé.

En 1950, le monde comptait 2,5 milliards d'habitants ; en juin 1999, il y en aura 6 milliards ; selon les projections de l'Organisation des Nations Unies, la population mondiale devrait se situer entre 7,7 milliards et 11,1 milliards d'individus en 2050, le chiffre de 9,4 milliards étant considéré comme le plus probable. Autrement dit, l'accroissement de la population pourrait être au moins aussi important au cours des 50 prochaines années qu'il l'a été pendant les 50 années écoulées.

Depuis le début des années 60, l'utilisation des contraceptifs a été multipliée par cinq, passant de 10–12 % des couples mariés à 60 %. Le taux de fécondité totale a diminué de moitié dans le monde, passant de six enfants par femme à trois. Dans certains pays, les couples n'ont plus les deux enfants qui assureraient leur remplacement au sein de la population. Mais dans les pays en développement, sauf la Chine, les femmes ont en moyenne quatre enfants, soit deux fois le niveau requis pour assurer une population stable. En Afrique sub-saharienne, le taux de fécondité totale est de six enfants.

Ceux qui craignent un tassement de la population ont tendance à ne porter leur regard que sur les pays où les couples ont deux enfants — le taux de remplacement — ou moins, comme c'est le cas dans la plupart des pays développés, dans quelques pays en voie d'industrialisation rapide et en Chine. C'est le cas actullement de 51 pays, qui représentent 44 % de la population mondiale. En 2015, ce pourrait être le cas de 88 pays représentant deux tiers de la population mondiale. Mais les projections sont des suppositions éclairées, elles dépendent d'hypothèses concernant un comportement futur qui se réaliseront ou ne se réaliseront pas. Une des hypothèses clefs concernant les pays en développement est que l'utilisation de la contraception continuera à se développer et que la fécondité continuera à diminuer.

En se focalisant sur les taux actuels de natalité, on risque de ne pas tenir compte de ce qui s'est produit dans le passé. Le fait est que l'accroissement de la population devrait se poursuivre, même si la fécondité baissait immédiatement jusqu'à atteindre le niveau de remplacement. Eu égard au fait que la fécondité a été élevée dans un passé récent, une forte proportion de la population de la plupart des pays en développement est jeune. Il y a plus de deux milliards d'individus âgés de moins de 20 ans dans les pays en développement, et le nombre de femmes du groupe d'âges 15–19 est plus élevé que jamais auparavant. C'est pourquoi le nombre de personnes en âge d'avoir des enfants va continuer à augmenter pendant plusieurs décennies, tout comme le nombre total de naissances.

Pas moins de deux tiers de l'accroissement projeté de la population mondiale sera imputable à cet « élan démographique », et ce pourcentage sera plus élevé dans les pays en développement où la baisse de la fécondité a été la plus rapide. En Thaïlande, par exemple, où trois personnes sur dix ont moins de 15 ans, la population devrait augmenter de 18 % de 1998 à 2025, même si le couple moyen a moins de deux enfants.

Les projections de la dimension de la population mondiale sont extrêmement sensibles à de légères variations dans les hypothèses. En partant de l'hypothèse qu'à partir de 2025, la fécondité mondiale se maintiendra à 2,2 enfants par femme, on arrivera en 2150 à une population de 18,3 milliards d'individus ; si l'hypothèse retenue est de 1,8 enfant par femme à partir de 2025, on arrivera en 2150 à une population de 6,4 milliards d'individus.

En définitive, la dimension de la population dépend non seulement de la descendance finale, mais également de la décision concernant le moment d'avoir le premier enfant. On estime que si les mères avaient leur premier enfant non pas à 18 ans mais à 23 ans, cela réduirait l'élan démographique de plus de 40 %.

Il n'est certes pas question d'élan démographique en Europe où la fécondité est faible depuis longtemps, mais ceux qui font état d'un tassement de la population n'en exagèrent pas moins, et ce pour deux raisons :

Tout d'abord, les projections qui se fondent sur le fait que la fécondité n'atteint pas le seuil de remplacement ne tiennent pas compte de la possibilité d'une immigration en provenance de pays où la fécondité est élevée. De nombreux pays sont en train de renforcer les restrictions aux migrations, mais ils le font en réponse aux pressions croissantes qu'exercent ceux qui veulent aller chercher du travail ailleurs. Il n'est pas interdit de penser que les migrations vers les pays où la fécondité est faible vont augmenter à l'avenir plutôt que diminuer.

En second lieu, le taux de fécondité totale, qui part de la fécondité actuelle pour essayer de prévoir ce qui se passera, risque de sous-estimer la descendance finale. Il se pourrait que les familles — et les populations futures — aient une dimension supérieure à celle qu'indique le taux de fécondité totale. Celui-ci ne mesure pas l'expérience réelle des femmes. Au lieu de cela, il part de l'expérience de fécondité de femmes d'âges différents au cours d'une période de temps récente pour calculer combien d'enfants une femme aurait si elle avait un nombre similaire d'enfants tout au long de ses années de reproduction.

Ce qui arrive souvent lorsque la fécondité atteint un faible niveau, c'est qu'il se produit un changement dans le moment où les naissances ont lieu. Les femmes ont moins d'enfants, mais elles les ont aussi plus tard dans la vie et sur une période plus courte. Mesurer les naissances qui surviennent actuellement chez de jeunes femmes ne permet pas d'augurer de leur intention d'avoir des enfants plus tard ; l'expérience actuelle de femmes âgées, par ailleurs, n'indiquera pas les enfants qu'elles ont eus antérieurement.

Par exemple, on estime que le taux de fécondité totale en France se situe aux environs de 1,63. Mais la descendance finale des groupes d'âges les plus récents s'établissait en moyenne à 2,1 enfants. De même, au Japon la descendance finale des couples mariés du groupe d'âges 15-19 s'est établie en moyenne à 2,2 enfants, alors que le taux de fécondité totale y est de 1,4.

Pareillement, les projections démographiques qui se fondent sur le taux de fécondité totale actuel risquent d'exagérer les diminutions, à moins qu'elles ne tiennent compte de la modification des tendances en matière de fécondité et de mariage au gré des âges. Une légère sous-estimation des niveaux actuels de fécondité risque d'être démesurément grossie lorsqu'on la projette dans l'avenir.

La réduction substantielle de la fécondité observée ces 30 dernières années traduit une modification des normes sociales. L'amélioration des conditions économiques et sociales, du taux de survie de l'enfant et des perspectives fait que de plus en plus de couples souhaitent réduire la dimension de la famille et avoir des enfants plus tard dans la vie. Mais une diminution de la fécondité suppose aussi que les couples aient accès à l'information et aux services requis pour concrétiser leurs souhaits.

Les programmes nationaux qui assurent l'information et les services en matière de planification familiale, ainsi que les soins de santé en matière de reproduction ont beaucoup contribué à freiner l'accroissement de la population dans les pays en développement depuis les années 60, en permettant aux couples de maîtriser dans une certaine mesure la dimension de la famille et l'espacement des naissances de leurs enfants. Mais beaucoup de couples continuent à avoir plus d'enfants qu'ils n'en souhaitent effectivement.

Les projections en matière de fécondité annonçant une diminution de l'accroissement de la population supposent une amélioration continue de l'efficacité des programmes de santé en matière de reproduction. Or, comme l'expérience le montre, cette amélioration n'est pas acquise d'avance. Comme la Conférence internationale sur la population et le développement de 1994 l'a reconnu, l'amélioration de la qualité et de la portée des programmes exigera des engagements financiers et institutionnels de la part tant des pays en développement que de la communauté des donateurs.

En permettant aux couples et aux individus de décider du nombre d'enfants qu'ils veulent avoir et de l'espacement de leurs naissances, ce qui constitue un des droits fondamentaux de la personne humaine, on renforcera la tendance mondiale à réduire la dimension de la famille et à ralentir l'accroissement de la population.

C. Travail d'après-lecture
Questions de réflexion

1. Selon l'article, pourquoi certaines personnes pensent-elles que la population mondiale a cessé de croître rapidement ?

2. Quels sont les arguments avancés pour démontrer que l'explosion démographique continue ?

3. Selon les projections de l'Organisation des Nations Unies, combien d'habitants comptera le monde en l'an 2050 ?

4. Selon l'article, quel est le niveau de fécondité requis pour assurer un remplacement de la population mondiale ?

5. Selon l'article, que doit-il se passer pour que la population dans les pays en développement se stabilise ?

6. Pourquoi les pays en développement connaissent-ils toujours un accroissement rapide de population malgré la baisse du taux de natalité ?

7. Existe-t-il un rapport entre l'âge à laquelle les femmes ont leurs premiers enfants et l'élan démographique ? Si oui, décrivez-le.

8. Quelles sont les suggestions faites par cet article pour freiner l'accroissement de la population mondiale ?

Le ton, le point de vue du texte/de l'auteur

1. A votre avis, où se situe cet article dans le débat sur la population mondiale ? Quelles nouvelles perspectives ou questions apporte-t-il ?

2. Quel est l'objectif de cet article ?

D. Résumé du texte

Qu'avez-vous retenu de ce texte ? Résumez en cinq phrases environ les points essentiels de cet article. Ensuite comparez votre résumé à celui d'un(e) camarade de classe. Avez-vous identifié les mêmes points essentiels ? Si non, quelles sont les différences qui apparaissent dans vos résumés ? Comment expliquez-vous ces différences ?

Lecture II : « Population mondiale : L'Horizon 2025 reconsidéré », *Population & sociétés* octobre 1996, 317

Ce texte provient du site de l'Institut National d'Etudes Démographiques (INED). Ce site contient beaucoup d'informations sur l'état de la population en France, dans les pays développés, dans les pays en développement et dans le monde. Il contient aussi un lexique des termes démographiques.

A. Travail d'avant-lecture

Tournez au texte intitulé « Population mondiale : L'Horizon 2025 reconsidéré ». Avant de lire le texte, trouvez les informations suivantes :

1. Visitez le site de l'INED : **http://www.ined.fr**. Informez-vous de l'évolution de la population en France et dans le reste du monde. Que remarquez-vous ? Selon vous, quel est l'objectif de ce site et des publications qu'il contient ?

2. Consultez le lexique démographique du site pour vous familiariser avec le vocabulaire que vous êtes à même de rencontrer dans le texte que vous allez lire.

3. Revenez au texte « Population mondiale : L'Horizon 2025 reconsidéré ». Qu'est-ce que le terme *reconsidéré* suggère quant au genre et au contenu de l'article ?

4. Faites un survol rapide de l'article. Quels sont les sous-titres ? Que disent-ils de la position de l'auteur de cet article sur la population mondiale ?

B. Lecture du texte

1. Lisez le texte attentivement, et soulignez tous les mots problématiques. Marquez les passages que vous ne comprenez pas, mais continuez à lire.

2. Après avoir lu le texte entier, consultez un(e) camarade de classe concernant les mots et passages problématiques.

3. Si vous avez toujours des questions concernant ces mots et passages problématiques, consultez d'abord le lexique du site de l'INED, puis votre professeur.

Notez dans votre dossier de vocabulaire les mots que vous avez cherchés. Mettez non seulement le mot, mais aussi le genre et le pluriel si c'est un substantif. Ajoutez également une phrase d'exemple avec le mot. Evitez de noter la traduction dans votre langue maternelle.

Population mondiale : L'Horizon 2025 reconsidéré

par Jacques Véron

La planète sera peuplée de 6 milliards d'habitants avant l'an 2000 et de 8 milliards dans trente ans. Lorsqu'en 1985, *Population & Sociétés* présentait les perspectives démographiques mondiales à l'horizon 2025, l'Allemagne n'était pas réunifiée, l'Union soviétique n'avait pas éclaté, la Yougoslavie et le Rwanda n'avaient pas connu de tragédie. La transition démographique de l'Afrique subsaharienne s'amorçait à peine. Le sida n'était pas devenu un problème majeur de santé publique. Pourtant l'estimation de la population mondiale pour 2025 (hypothèse moyenne) était très comparable à l'estimation actuelle, entre 8 et 8,5 milliards d'habitants. Les guerres civiles et les pandémies mortelles ne sont certes pas sans effet, mais l'histoire démographique de chaque pays n'affecte guère la population mondiale et des compensations peuvent s'opérer entre évolutions plus précoces et plus tardives que prévu.

Stabilité de l'hypothèse moyenne

Les perspectives à long terme des Nations Unies de 1990 projetaient à l'horizon 2025 une population mondiale de 8,5 milliards d'habitants (hypothèse moyenne). La croissance annuelle devait passer de 1,6 % en 1990–1995 (soit 95 millions d'habitants de plus chaque année) à 1 % en 2020–2025 (soit 80–85 millions). *La Révision de 1994* conduit, toujours dans le cas de l'hypothèse moyenne, pour l'année 2025, à un effectif moindre : 8,294 milliards, très voisin de l'estimation avancée dès le début des années 80, soit 8,195 milliards d'habitants (tableau 1). Et l'écart entre variantes extrêmes s'est réduit. Les projections du PRB font, quant à elles, apparaître une réduction régulière de l'effectif de population projeté à l'horizon 2025 (tableau 2).

La répartition par continent montre une constance du poids démographique de l'Amérique, une réduction marquée de celui de l'Europe (avec même une diminution de sa population), une relative stabilité de l'Asie et une très sensible progression de l'Afrique (tableau 3).

Dès la fin des années 50, les Nations Unies prévoyaient une population de 6 milliards d'habitants pour la fin du siècle. Ce chiffre se confirme et l'exactitude de cette projection devrait être perçue comme validant les calculs perspectifs. Pourtant les projections démographiques font l'objet de critiques, qui portent tout autant sur les méthodes que sur les hypothèses.

Tableau 1. Évolution des perspectives démographiques mondiales des Nations Unies à l'horizon 2025 (en millions)

		Hypothèses	
Date révision	*Basse*	*Moyenne*	*Haute*
1980	7 165	8 195	9 132
1982	7 278	8 177	9 185
1988	7 589	8 466	9 422
1990	7 591	8 504	9 444
1994	7 603	8 294	8 979

Source: Nations Unies

Tableau 2. Évolution des perspectives démographiques mondiales du Population Reference Bureau

Date révision	*Population en 2025*
1991	8 645
1992	8 545
1993	8 425
1994	8 378
1995	8 312
1996	8 193

Source: PRB

Tableau 3. Population par continent de 1950 à 2025 (hypothèse moyenne) en millions et répartition (en %)

Continent	1950	%	1995	%	2025	%
Afrique	224	8,9	728	12,7	1 496	18
Asie	1 403	55,7	3 458	60,5	4 960	59,8
Europe	549	21,8	727	12,7	718	8,7
Amérique latine	166	6,6	482	8,4	710	8,6
Amérique Nord	166	6,6	293	5,1	369	4,4
Océanie	12	0,5	28	0,5	41	0,5
Total	2 520	100	5 717	100	8 294	100

Source: Nations Unies. Révision de 1994

L'inertie contre l'imprévu

Pour dresser des perspectives démographiques, on fait « vieillir » sur le papier la population de chaque pays, en appliquant aux effectifs de chaque âge les probabiliés de survie correspondantes et on fait « naître » de nouveaux habitants, par combinaison des effectifs de femmes en âge de reproduction et des taux de fécondité par âge. Le plus souvent, les migrations extérieures sont supposées nulles.

Certains reprochent à cette méthode d'être trop mécanique et de ne pas prende en compte des interactions entre phénomènes démographiques et proposent des modalités nouvelles d'élaboration. D'autres contestent la validité des hypothèses, par exemple celle de la remontée substantielle de la fécondité dans les pays développés. L'hypothèse moyenne suppose en effet que, dans tous les pays, la fécondité converge à terme vers le niveau de remplacement de 2,1 enfants par femme, en dessous duquel se situent actuellement les pays développés. Il est vrai que des hypothèses de fécondité très contrastées font apparaître, dès 2025, de réelles différences d'effectifs (tableau 4). Si, par exemple, la fécondité mondiale, de l'ordre de 3 enfants par femme aujourd'hui, tombait immédiatement à 2, la population mondiale ne serait, en 2025, que de 7 milliards d'habitants au lieu de plus de 8 milliards.

L'incertitude est cependent moindre si l'on s'efforce d'accroître le « réalisme » des hypothèses. L'imprévu existe bien, mais des compensations s'opèrent à moyen terme dans les évolutions de la fécondité et de la mortalité, et l'inertie est forte sur une trentaine d'années. Dans ses propres perspectives de 1994–1995, la Banque mondiale a corrigé ses hypothèses antérieures pour tenir compte des fluctuations de la fécondité chinoise, qui est remontée de 2,2 à 2,4 enfants par femme à la fin des années 80 et a diminué à nouveau au début des années 90. L'effet de ces changements est peu visible à l'horizon

2025 mais les différences sont très sensibles en 2075. Si *la Révision de 1994* donne un résultat un peu inférieur à la précédente, c'est que les Nations Unies ont introduit une baisse de la fécondité plus rapide que celle projetée en 1992 et que les situations de basse fécondité des pays à économie en transition (anciens « pays de l'Est ») ont été prises en compte.

Tableau 4. Projections de la population mondiale à l'horizon 2025 sous différentes hypothèses (base 1990)

Hypothèse de fécondité en 2020–2025 (nombre d'enfants par femme)	*Population en 2025* (en millions)
Niveau de remplacement immédiat (fécondité de 2,06)	7 069
Basse et moyenne basse (fécondité de 1,79)	7 591
Moyenne (fécondité de 2,27)	8 504
Moyenne haute et haute (fécondité de 2,78)	9 444
Constante (fécondité de 4,30)	10 978

Note : Les hypothèses « basse » et « moyenne basse » ainsi que « haute » et « moyenne haute » ne se différencient que sur un plus long terme. Ainsi l'hypothèse basse est de 1,70 pour 2100–2105, alors que la moyenne basse est de 1,96.

Source: Nations Unies

L'avenir incertain de la mortalité

La validité des perspectives démographiques dépend aussi des hypothèses de mortalité. Jusqu'à une date récente, l'hypothèse de mortalité ne semblait guère poser de problème. La poursuite d'un accroissement plus ou moins régulier de l'espérance de vie était postulée et la question se résumait à savoir s'il existait, pour les pays les plus avancés, une valeur maximale de la vie moyenne et quel pouvait être ce maximum. Dans leurs perspectives à long terme, les Nations Unies combinent ainsi sept hypothèses de fécondité à une seule hypothèse de mortalité : l'espérance de vie à la naissance est supposée s'accroître jusqu'à un maximum de 84,9 ans pour les deux sexes, soit 87,5 ans pour les femmes et 82,5 ans pour les hommes.

Aujourd'hui, l'épidémie de sida, les risques que font naître les dégradations de l'environnement dans certaines régions, le constat d'une mortalité en augmentation et de la désorganisation du système de santé ailleurs ôtent de sa vraisemblance à l'hypothèse d'une baisse régulière de la mortalité.

Une question particulièrement difficile et controversée est l'effet démographique du sida. Comment évoluera la maladie ? Quel en sera l'effet sur la vie moyenne ? L'ampleur de l'épidémie actuelle et future est-elle de nature à enrayer la croissance démographique, en Afrique par exemple ? Dès *la Révision de 1992* des perspectives démographiques mondiales, les Nations Unies se sont efforcées d'intégrer dans le calcul perspectif les conséquences démographiques du sida pour 15 pays africains. Le sida entraînerait dans ces pays une réduction du taux de croissance annuel de la population de 0,25 point en 2000–2005 (2,88 % au lieu de 3,13 %). D'après *la Révision de 1994,* les population de la Zambie et du Zimbabwe seraient en 2005 inférieures d'environ 7 % et celle de l'Ouganda de 6 % à ce qu'elles auraient été en l'absence du sida. Au Zimbabwe, l'espérance de vie à la naissance serait de 54 ans, inférieure de 7 ans à ce qu'elle aurait été sans le sida. D'ici à 2010 la mortalité infantile pourrait doubler (Thaïlande), voire tripler (Zambie).

Dans les perpectives qu'il vient de publier, le PRB conclut à des conséquences plus marquées encore de l'épidémie de sida : à l'horizon 2025, la population des pays d'Afrique subsaharienne serait inférieure de 100 millions à celle prévue il y quelques années. Mais, même avec certaines situations nationales catastrophiques, un doublement de la population africaine reste projeté d'ici 2025.

Tout compte fait, sauf catastrophe à l'échelle du monde, la fiabilité des perspectives démographiques mondiales et à moyen terme reste forte.

C. Travail d'après-lecture
Questions de compréhension

1. Selon l'auteur du texte, quel effet a l'histoire démographique de chaque pays sur la population mondiale ?

2. Analysez les tableaux 1 et 2. Y a-t-il une différence notable entre les projections des Nations Unies et celles du Population Reference Bureau ?

3. Observez le tableau 3 contenant les données démographiques comparées par continent. Que remarquez-vous ?

4. Quel rôle jouent les migrations extérieures dans les projections de la population mondiale ?

5. Selon l'auteur, que pourrait être l'effet du sida sur la croissance de la population mondiale ?

Lecture III : A vous de choisir !

Vous pouvez choisir un des autres articles des sources notées à la page suivante, ou bien vous pouvez trouver un article récent par Internet ou dans d'autres sources. En lisant ce texte, suivez les mêmes étapes et stratégies employées pour les Lectures I et II. Commencez par les titres et les sous-titres pour vous créer une première idée du texte, puis lisez le texte sans vous inquiéter du vocabulaire difficile. Ensuite, retournez au texte et essayez de le résumer.

Possible bibliographie et webbographie :

- *Populations & sociétés*
- Site de l'INED : **http://www.ined.fr**
- Site du Fonds des Nations Unies pour la population : **http://www.unfpa.org**

Dialogues

A. Comparaison

Comparez les textes lus par la classe et le texte de votre choix. Analysez les éléments suivants et préparez un résumé et une explication de votre discussion.

- Comparez les sources des articles et les dates de publication. Laquelle des sources vous paraît la plus crédible ? Pourquoi ?
- Comparez les points de vue des auteurs. En quoi sont-ils semblables ou différents ? Comment expliquez-vous cette similarité ou dissimilarité ?
- Comparez les objectifs des articles. Comment sont-ils semblables ou différents ?

B. Position à prendre

Qu'en pensez-vous ?

1. Vous souvenez-vous des discussions menées au début du chapitre ainsi que les associations que vous avez faites avec les termes *population, croissance, ressources naturelles* et *planification*. Placez les résultats de ce travail préliminaire dans le contexte des Lectures I, II et III. Ces textes ont-ils changé votre opinion sur la population mondiale ?
2. Revisitez votre opinion sur la croissance de la population mondiale. Selon vous, quelles sont ses causes et ses conséquences ? Trouvez-vous la croissance de la population mondiale alarmante ? Si oui, que faut-il faire pour ralentir cet élan ? Partagez votre position avec un(e) camarade de classe.

C. Ecriture automatique

Maintenant, mettez ensemble tout ce que vous savez et avez appris sur ce sujet. Pendant cinq minutes, écrivez sans arrêt tout ce que vous pensez au sujet de la population mondiale. Vous pouvez passer d'une langue à une autre durant l'exercice.

D. Exercice d'organisation

Organisez de manière logique les idées générées durant l'écriture automatique. Rayez les phrases répétitives ou sans importance. Elaborez les idées que vous jugez intéressantes et fondamentales. Numérotez les passages ou phrases pour indiquer le fil de vos idées ou de la construction de votre argumentation. Enfin, composez une phrase d'introduction qui contient votre thème central et qui résume votre position ou opinion.

E. Travail de groupe

En groupes de trois ou quatre, tour à tour, lisez à haute voix vos phrases d'introduction. Chaque membre du groupe peut poser des questions ou même confronter la position des autres membres. Soyez donc prêt(e) à soutenir vos opinions. Pendant cet échange, notez les idées qui vous seront utiles.

IV. PROBLÉMATISONS !

A. Rédaction individuelle

Maintenant à vous la parole ! Développez vos idées à l'écrit. Rédigez un essai argumentatif sur la croissance de la population mondiale et le mérite des actions des gouvernements et des organisations telles que les Nations Unies pour provoquer un ralentissement de cette croissance. N'oubliez pas de faire référence à la bibliographie, la webbographie et le lexique de termes démographiques contenus dans ce chapitre.

Avant de commencer :

1. Présentez clairement votre position et définissez la trajectoire que vous suivrez dans votre argumentation ainsi que les documents de support que vous utiliserez.
2. Ecrivez votre phrase de thèse.
3. Elaborez trois de vos arguments que vous jugez les plus importants.
4. Composez votre conclusion.

B. Correction réciproque

Apportez deux exemplaires de votre essai en classe. Echangez un exemplaire avec un(e) camarade de classe. Avant de lire l'essai de votre camarade, suivez les guides proposés dans le **Comment faire ?** dans l'Appendice 1 pour faire des corrections réciproques. Attention : Une correction suggérée par votre camarade n'est pas forcément correcte. Soyez vigilant(e) et vérifiez tout vous-même. Rejetez toute correction ou suggestion que vous jugez incorrecte ou inappropriée.

C. Remise en question

Référez-vous aux critiques et annotations de votre camarade de classe sur le contenu et la forme de votre essai. Examinez maintenant de plus près ces suggestions et critiques.

1. Quelles sont les suggestions et critiques faites par votre camarade de classe sur le contenu de votre composition ? D'abord, faites une liste exhaustive de ces critiques et suggestions. Ensuite, pour chaque suggestion ou critique, répondez aux questions suivantes. A la fin de ce processus de critique et d'autocritique, vous arriverez à un jugement quant à l'acte à prendre dans chaque cas.

   a. Quelles positions (valeurs ou convictions) sous-tendent cette suggestion ou critique ?

   b. La perspective ou la position idéologique exprimée par cette suggestion ou critique est-elle représentée dans votre composition ? Si oui, où ? Si non, comment l'insérer dans votre texte ?

   c. Quelle critique ou contre-critique portez-vous contre votre propre position idéologique ainsi que contre celle proposée par votre camarade de classe ? Avez-vous inclus cette critique ou contre-critique dans votre composition ?

2. Quelles sont les suggestions ou critiques faites par votre camarade de classe touchant à la forme de votre composition ? D'abord, faites une liste exhaustive des ces critiques et suggestions. Ensuite, consultez un dictionnaire ou un manuel de grammaire pour confirmer ou rejeter chaque suggestion ou critique. Consultez votre professeur ou d'autres personnes en cas de besoin.

D. Travail de révision

Hors de la classe, corrigez et réorganisez votre essai selon vos décisions à la fin de l'activité C. N'oubliez pas que vous rendrez cette version de votre essai à votre professeur. Soyez prêt(e) à en faire une seconde révision. Rendez une copie propre de votre essai individuel à votre professeur pour recevoir son feedback. Votre professeur corrigera votre essai en vous donnant la possibilité de le réviser encore une fois si nécessaire.

E. Travail collaboratif

Travaillez avec la classe entière à la rédaction d'un essai collaboratif.

1. Ensemble, établissez le plan d'un essai qui reflète les idées du groupe entier. Quel est l'argument principal de l'essai ? Quels en seront les points principaux ? Ecrivez collaborativement un paragraphe d'introduction.

2. Formez des petits groupes de quatre à cinq personnes. Chaque groupe est responsable de l'élaboration d'un des arguments principaux de l'essai collaboratif. Ecrivez une phrase d'introduction ; donnez deux à trois exemples et/ou détails qui soutiennent votre thèse et composez une phrase pour conclure votre paragraphe. Présentez votre paragraphe à la classe entière qui décidera comment insérer ce paragraphe dans l'essai collaboratif.

3. De nouveau, comme classe entière, lisez l'essai collaboratif. Décidez si les phrases de transitions sont toujours à propos ; si non, corrigez-les. Ajoutez les arguments et/ou détails qui manquent. Composez la conclusion de l'essai. Corrigez les phrases pour l'exactitude si nécessaire.

4. Décidez la forme sous laquelle l'essai collaboratif sera publié.

Chapitre 6

L'Immigration

Ce document est délivré pour les pays
Este documento es válido para los siguie...

TOUS PAYS

SAUF MAR...

Le titulaire est dispensé du...
français de sortie

Ce document a été délivré sur prése...
Este documento ha sido expedido a l...

certificat de réfugié
certificado de refugiado   MAROC...

en date du
con fecha: 20 Septembr...

Délivré à / Expedido en   PARIS   le / Fecha 24/08/92

...VALIDITÉ
...LIDEZ

...t prorogée
...o se prorroga

...S

...er en FRANCE

...n du présent titre

Prorogé à...

Le directeur de l'Office Français de Protection des Réfugié...

que M SERFATY
Abraham

né(e) le 12 Janvier 1926 à CASABLANCA
(Maroc

est Réfugié
de nationalité marocaine

et qu'il (elle) est placé(e) sous la protection juridique et...

Droits payés
150 Francs

Signature
...taire:

M SERFATY
Abraham
...IE JEAN JACQUES R...

Ce titre contie...
Este documento r...

I. REMUONS LE SUJET !

Remue-méninges : Comment trouver des idées sur le sujet ? Qu'est-ce que vous en savez déjà ?

Travail d'idées

A. A quoi pensez-vous lorsque vous entendez le mot *immigration* ? Quelles sont les images et les mots qui vous viennent immédiatement ? Seul(e) ou avec un(e) camarade de classe, faites en cinq minutes environ une liste exhaustive des aspects de l'immigration aux Etats-Unis et/ou dans le monde. Ne faites attention ni aux fautes d'orthographe ni à la langue utilisée (anglais, français, votre langue maternelle, etc.). L'objectif premier est de faire la liste la plus longue possible de toutes vos idées.

B. Prenez quelques minutes pour regrouper en catégories les mots et phrases courtes de la liste. Etablissez trois à quatre groupes ou catégories de mots associés. Intitulez chaque catégorie créée (exemples possibles : pays, problèmes, emplois, familles, raisons).

C. En employant un bon dictionnaire bilingue (français–votre langue maternelle), trouvez les expressions françaises équivalentes des mots ou phrases courtes dans votre liste qui sont rédigés en une autre langue. Ajoutez ces mots français et expressions aux catégories de votre liste.

D. Avec un(e) autre étudiant(e) ou en petits groupes, partagez votre liste. Mélangez vos idées afin de créer certaines catégories en commun. Ajoutez à votre liste personnelle d'autres mots découverts lors de cette discussion.

E. Au tableau, mettez ensemble les listes de chaque groupe. Remplissez chaque catégorie avec le maximum de mots trouvés.

II. THÉMATISONS !

Entamons une discussion ou une réflexion critique des questions et thèmes remués dans la première partie.

A. Description

A un(e) autre étudiant(e) dans la classe ou en petit groupe, racontez un ou plusieurs événements (ou incidents) relatifs à l'immigration aux Etats-Unis (et/ou dans le monde) que vous avez vécus ou observés — avec votre famille, avec des amis ou seul(e). Précisez où et quand vous avez vécu l'événement et à qui l'incident est arrivé. Parlez non seulement de l'événement, mais aussi et surtout de vos convictions et attitudes à l'époque de l'incident.

Questions à considérer

Comment est-ce que je mets en pratique mes idées et convictions concernant l'immigration ? Quelles expériences significatives relatives à l'immigration ai-je vécues et quelles ont été mes réactions à ces expériences ? Quelle est ma position vis-à-vis de l'immigration et autres problèmes liés à l'immigration ?

Vocabulaire utile

l'immigration (*f*)	un immigré	un émigré	un étranger
un réfugié politique/ économique	le droit d'asile		
la loi	une politique sur une question		
la politique intérieure	la politique extérieure		
un pays du tiers-monde	un pays du premier-monde		
un pays en voie de développement	un pays industrialisé		
un permis de travail	une carte de séjour		
le certificat d'hébergement	les sans-papiers		
la situation économique défavorisée	les quartiers défavorisés		
la xénophobie	la patrie	le chauvinisme	
la frontière	le sol	la terre	le pays
un travailleur	un migrant	un ouvrier	le prolétariat
le chômage	un chômeur		
le taux d'immigration	l'immigration clandestine/ illégale/légale		
l'argent	les moyens	les biens	

B. Information

Revisitez vos descriptions pour identifier les relations fondamentales qui existent entre les éléments *qui, quoi, quand* et *où* contenus dans vos narrations. Dégagez les théories qui soulignent vos pratiques, vos attitudes. A la lumière de cette examination, construisez une série de propositions telles que :

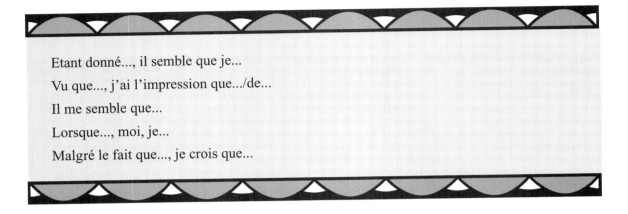

Etant donné..., il semble que je...

Vu que..., j'ai l'impression que.../de...

Il me semble que...

Lorsque..., moi, je...

Malgré le fait que..., je crois que...

C. Confrontation

A l'écrit, esquissez la source de vos convictions, croyances et suppositions. Essayez de répondre aux questions suivantes. Vous n'êtes pas obligé(e) d'y répondre en phrases complètes : concentrez-vous sur le contenu de vos réponses.

Questions à considérer

D'où viennent mes opinions ? Quelles pratiques ou attitudes sociales reflètent-elles ? Quels intérêts ou buts servent-elles ? Qu'est-ce qui maintient ou renforce mes théories ou hypothèses ? Qu'est-ce qui les contient ou contraint ? Quelles sont les relations qui existent entre ma position personnelle envers l'immigration et l'attitude générale de ma communauté vis-à-vis de l'immigration ?

D. Reconstruction

Rédigez un résumé de vos idées et de vos réflexions sur le sujet mis en question en C. Essayez d'écrire une ou deux pages ; ne vous préoccupez pas de la grammaire ni de l'expression française.

III. RENSEIGNONS-NOUS !

Lecture I : « Immigration : Le Débat empoisonné », *L'Express* le 20 fevrier 1997 ; « Babel : Bleu-blanc-rouge », *L'Express* le 4 fevrier 1983 ; et « Immigration : Que les bonnes âmes réfléchissent ! », *L'Express* le 27 novembre 1997

A. Travail d'avant-lecture

Les termes *immigré, migrants, immigration, clandestine, intégration, certificat d'hébergement, carte de séjour* apparaissent régulièrement dans les textes suivants : « Immigration : Le Débat empoisonné », « Babel : Bleu-blanc-rouge », et « Immigration : Que les bonnes âmes réfléchissent ! ». Vous avez probablement vu que ces mêmes termes ont émergé de notre remue-méninges, de notre discussion critique des thèmes remués et de nos petites compositions écrites. En réfléchissant sur ces termes, répondez aux questions suivantes :

1. Quelle est votre définition, dénotation et connotation personnelles de chacun de ces termes ? Pour chaque terme, rédigez un paragraphe bref illustrant votre définition, dénotation et connotation personnelles.

2. Consultez un ou plusieurs dictionnaires de votre choix et recopiez les définitions, dénotations ou connotations données à chacun de ces termes.

3. Avec un(e) camarade de classe ou en groupe, lisez à haute voix vos définitions (dénotations et connotations) personnelles ainsi que les définitions que vous avez trouvées dans le dictionnaire.

   a. Vos définitions personnelles sont-elles différentes de ou similaires à celles de votre camarade ou de vos camarades ? Comment ?

   b. Vos définitions et celles de vos camarades sont-elles différentes de ou similaires à celles trouvées dans les différents dictionnaires ? Elaborez.

   c. Comparez les définitions trouvées dans les différents dictionnaires. Que remarquez-vous ?

4. En tant que classe entière, revisitez les définitions du terme *intégration* (votre définition, celles de vos camarades de classe et celles des dictionnaires). Est-ce que ces définitions représentent des positions idéologiques (socialiste, féministe, raciste, etc.) opposées ou complémentaires ? Identifiez et discutez les différentes subjectivités qui nourrissent ou qui sont à l'origine de ces différentes positions idéologiques.

B. Lecture des textes

A. Trouvez le texte « Immigration : Le Débat empoisonné ». Lisez-le selon les indications données dans le **Comment faire ?** *Comment lire un texte en langue étrangère* dans l'Appendice 1. Notez les mots de vocabulaire qui puissent vous être utiles pour la discussion du sujet.

B. Trouvez l'article « Immigration : Que les bonnes âmes réfléchissent ! » et lisez l'article jusqu'à la fin. Ensuite, esquissez les positions philosophiques et politiques sur l'immigration de (1) Patrick Weil, (2) Charles Pasqua, (3) Jean-Marie Le Pen (voir l'adjectif *lepéniste* dans le texte), et (4) l'auteur Ben Kamara. Soyez prêt(e) à discuter les similitudes et les différences parmi les positions de ces hommes.

Notez la liste des expressions de l'Exercise A dans votre dossier de vocabulaire. Vous en aurez besoin pour participer aux activités de ce chapitre.

Immigration : Le Débat empoisonné

Dans la querelle autour du certificat d'hébergement, tous les acteurs publics sont tombés dans un piège

par Denis Jeambar

Comment cela s'est-il produit ? Le débat politique français finit par décourager, tant ses participants mettent d'énergie à se précipiter dans la gueule du loup. Nul ne peut nier la nécessité de lutter contre l'immigration clandestine, véritable plaie pour les immigrés eux-mêmes, mais fallait-il, pour la vingt-quatrième fois depuis 1945, modifier et renforcer un arsenal juridique qui souffre sans doute d'abord d'être mal utilisé ? La contestation déclenchée par le projet de loi Debré — et son article premier obligeant tout hébergeant à déclarer à la mairie le départ d'un invité étranger — traduit aujourd'hui plus qu'un malaise sur un texte aussi ambigu qu'inutile, car la lutte contre l'immigration clandestine est d'abord un travail de police. Cette fronde signe, en effet, une faillite générale du pouvoir, de l'opposition, du Parlement et même des élites culturelles, dans un dossier hanté par le spectre de plus en plus présent du Front national.

Il ne s'agit pas, bien sûr, de renvoyer par facilité tout le monde dos à dos, mais l'enchaînement des événements montre que l'immigration est devenue un piège lepéniste dans lequel chacun, tour à tour, tombe. La trappe était entrouverte pour le gouvernement parce qu'il était nécessaire d'apporter quelques ajustements aux lois Pasqua de 1993. Il s'y est précipité en voulant, en fait, donner de nouveaux gages très visibles de sa détermination sur cette question.

La deuxième erreur est venue de l'opposition. Embarrassée par ce dossier qu'elle ne sait plus comment prendre par peur de se couper plus encore de l'électorat populaire, elle est restée trop absente d'un débat parlementaire où l'on a vu le gouvernement affronter avant tout la frange la plus radicale de sa majorité. Ainsi, le Parlement, lieu naturel de catalyse des débats politiques, n'a absolument pas rempli son rôle.

La voie, du coup, était ouverte à d'autres protestations. La gauche ayant laissé le terrain en jachère, les élites culturelles s'en sont emparées au risque de donner, selon le constat inquiet de l'historian Emmanuel Todd dans *Le Monde* « le sentiment qu'elles ne sont capables d'affirmer leur solidarité qu'avec les immigrés et pas avec les victimes économiques », c'est-à-dire les milieux populaires en voie de paupérisation.

Quelle que soit désormais son issue, cette affaire des certificats d'hébergement aura surtout souligné l'incapacité des acteurs de la politique française à sortir des pièges dans lesquels ils se sont, eux-mêmes, imprudemment jetés. Sans cesse relancé dans l'opinion, par maladresse ou par opportunisme, le débat sur l'immigration est devenu un calice d'amertume et un poison qui finit par atteindre notre démocratie dans son âme.

Babel : Bleu-blanc-rouge

A côté de sa tradition de terre d'accueil aux exilés, la France a toujours eu besoin des étrangers pour son développement.

par Fred Kupferman

« Tout homme a deux patries : la sienne et puis la France. » La tradition de l'accueil aux exilés politiques naît avec la Révolution de 1789, qui intègre le Prussien Anacharsis Cloots et l'Américain Thomas Paine, députés à la Convention (1792). Depuis, tous les régimes, sauf celui de Vichy, ont maintenu le principe du droit d'asile, et, en 1983, vivent sur le sol français 116 000 réfugiés politiques : dissidents russes, commerçants cambodgiens chassés par les Khmers rouges, Chiliens attendant la chute de Pinochet, ils représentent la couche « noble » de l'immigration, celle qui fait honneur à la générosité de la France. Leurs communautés, dans la plupart des cas paisibles, mènent, à côté des Français, une vie sans histoire. Auréolé par la persécution, l'exilé est accepté.

L'opinion a donc ses bons et ses mauvais étrangers. Elle n'est pas peu fière, non sans raison, d'être le peuple qui a accuelli les Russes blancs en 1919, les antifascistes italiens en 1926, les antinazis allemands en 1933, et avec eux les Juifs fuyant Hitler, les républicains espagnols en 1939, les harkis algériens chassés par le F.l.n. en 1962, les Tchèques, les Hongrois, les Polonais de Solidarnosc, venus après l'écrasement de leur révolution, et, par dizaines de milliers, les réfugiés du Sud-Est asiatique.

Mais, dans ce même pays, un slogan très ancien, « La France aux Français », reparaît sur nos murs, quand la crise et la peur du lendemain semblent inviter une société ouverte à se refermer sur elle-même. Tantôt rampante, tantôt explosant en ratonnades, la xénophobie trouve sa cible favorite dans le groupe compact des travailleurs étrangers. Un prolétariat, hier dominé par des Polonais, des Italiens, des Portugais, aujourd'hui en majorité africain et maghrébin, fait les frais de cette haine canalisée, tour à tour exploitée par l'extrême droite et par le Parti communiste.

La multiplication des étrangers est un moteur de l'angoisse. En 1800, une France de 25 millions d'habitants recensait 100 000 étrangers. Ils sont

1 400 000 en 1919 ; 3 millions en 1931, au sein d'une population qui se maintient, grâce à leur présence, au chiffre longtemps indépassable de 40 millions. Un sur douze. En 1981 (dernière statistique officielle), avec 4 200 000 étrangers sur 53,8 millions d'habitants, le pourcentage de 1931 est inchangé. Autour des étrangers pauvres, dans les zones où on les relègue, un cercle de peur : ils prennent le pain des Français, ils volent. Paris, Lyon et Marseille ont chacun fabriqué un Harlem, où deux sentiments d'insécurité voisinent, car ce sous-prolétariat, traité en classe dangereuse, est lui-même effrayé par son environnement.

L'immigration selon les besoins des employeurs

On oublie volontiers les services rendus La France, jusqu'à la remontée très récente du chômage, a souffert pendant un siècle d'une pénurie de main-d'œuvre. Privée de l'apport étranger, l'agriculture française aurait manqué de bras, jusqu'à la mécanisation des années 50. Sans les Polonais et les Italiens, la France du fer et du charbon aurait été en panne. Sans les Algériens et les Africains le miracle de l'industrie automobile n'aurait pas eu lieu. Quand les Bretonnes n'ont plus voulu servir, les beaux quartiers sont allés chercher en Espagne et au Portugal leurs gens de maison. A son insu, Neuilly suivait une tradition déjà ancienne : l'immigration organisée, planifiée selon les besoins des employeurs. En 1908 déjà, la Fédération des sociétés agricoles du Nord-Ouest négocie avec un député polonais la venue d'un convoi de 4 000 ouvriers agricoles, encadrés par leurs prêtres, garants de leur docilité. A côté des gros fermiers, les usiniers. Les Houillères du Nord, le Comité des Forges de Lorraine expédient, pendant trente ans, leurs agents au fin fond de la Sicile et de l'Est européen.

L'Etat n'agit pas autrement. Pendant la Grande Guerre, il puise dans le vivier colonial, et 200 000 Annamites et Africains travaillent dans les usines d'armement. Ceux-là seront renvoyés après la victoire, mais la saignée de 14–18 contraint la France à chercher encore et toujours à l'étranger les hommes qui lui manquent. Certains parviennent à faire venir leur famille.

Le patronat ne partage pas les préjugés populaires. Du début du siècle jusqu'à la crise actuelle, un flot presque continu de travailleurs étrangers a été affecté aux métiers durs et sans qualification. En 1900, c'est l'affaire des Belges et des Espagnols, qui représentent les deux tiers du prolétariat immigré. Tandis que leur nombre croît, sauf dans la période 1932–1939, où l'on renvoie 1 million — sans vaincre la crise — les travailleurs étrangers, progressivement plus basanés, restent cantonnés dans les tâches sans gloire. Au recensement de 1975, sur 203 990 Espagnols actifs, il y a 29 885 domestiques et

85 membres de professions libérales ; sur 331 030 Algériens, 22 500 O.s., 65 avocats, experts-comptables et médecins.

Séparés par la langue, les mœurs, et la religion

Seul le prolétariat a dû ouvrir ses rangs aux immigrés. Sa xénophobie endémique s'explique par la cohabitation avec des étrangers de plus en plus étrangers, séparés de lui par la langue, les mœurs, la religion. En 1946, il y avait parmi les travailleurs étrangers, 200 000 Polonais et 331 000 Algériens. Quand l'islam devient la deuxième confession pratiquée en France, quand l'Afrique francophone quitte ses bidonvilles pour nos Zup, le mur s'élève encore entre l'aristocratie ouvrière française et le sous-prolétariat étranger. Barrières de race : la reconnaissance du droit à la différence n'est pas acquise dans un pays épris de sa culture.

Entre chez nous qui veut... L'opinion ne veut pas savoir que l'immigration est réglementée, elle préfère les révélations sur les filières du travail clandestin. A côté des travailleurs protégés par des contrats et des conventions avec leur pays d'origine, un sous-prolétariat plus démuni se dirige vers la France. Pendant trente ans, les entreprises ont réclamé des O.s., elles n'en ont plus l'usage, mais les migrants, attirés par un mirage, découvriront sur place leur erreur.

Le paysage social de la France des années 80 est bouleversé par une association menaçante pour les travailleurs les plus frustes : chômage et automation. Jamais la France n'avait connu, dans son passé, un chômage durable, et son patronat doit répondre au défi de la crise en rationalisant l'appareil de production. L'énergie peu coûteuse, la main-d'œuvre à bon marché venue d'ailleurs, c'est le passé. Les O.s. en grève de Citroën et de Renault mènent un combat d'arrière-garde : ils appartiennent à une catégorie professionnelle en voie de disparition.

La France partage avec les grands pays industriels d'Europe la responsabilité d'avoir fait venir des travailleurs liés à une formule aujourd'hui dépassée. Ses traditions propres lui dictent son devoir. Il lui incombe de faire leur place dans la nouvelle société, où les services remplacent les gros bataillons des usines, aux 4 millions et demi d'étrangers qui lui ont fait confiance.

C. Lisez le texte qui s'intitule « Babel : Bleu-blanc-rouge ».

1. Après l'avoir lu, répondez aux questions suivantes :

   a. Pourquoi les exilés politiques sont-ils acceptés plus favorablement que les travailleurs immigrés ?

   b. Pourquoi la France est-elle fière d'avoir accueilli beaucoup d'exilés politiques ?

   c. Selon le texte, qu'est-ce qui peut provoquer la xénophobie ?

   d. Quel type de travail la main-d'œuvre étrangère faisait-elle en général ?

   e. Comment les travailleurs immigrés ont-ils contribué au développement de la France ?

   f. Qu'est-ce qui provoque pendant les années 80 des changements dans la situation des travailleurs immigrés en France ?

2. Discutez les questions suivantes avec un(e) autre étudiant(e) :

   a. A votre avis, un pays doit-il accueillir tous les réfugiés politiques ? Pourquoi ou pourquoi pas ?

   b. A votre avis, si un pays fait venir des travailleurs immigrés, a-t-il des responsabilités envers eux ? Et si le pays accepte des travailleurs immigrés mais ne les recrute pas, quelle est sa responsabilité envers eux dans ce cas ?

D. Lisez enfin « Immigration : Que les bonnes âmes réfléchissent ! ». Qui est l'auteur de ce texte ? Commentez sa perspective différente sur la question. Quelle est l'histoire et quel est le rôle de la France dans cette partie du monde ?

Immigration : Que les bonnes âmes réfléchissent !

par Ben Kamara

Une fois les polémiques d'usage ramenées à leurs justes proportions, on s'apercevra que le rapport de Patrick Weil sur l'immigration (1), commandé par Lionel Jospin, constitue une avancée extrêmement importante en matière de conception des flux migratoires. Enfin cesse-t-on de croire aux fables de l'« immigration zéro ». Enfin reconnaît-on qu'il est possible et souhaitable de

(1) *Pour une politique de l'immigration juste et efficace.* La Documentation française, 1997.

gérer des hommes et leur « double horizon » au Nord et au Sud, même si Patrick Weil insiste davantage sur les élites de l'immigration que sur l'ensemble des populations concernées.

Bien sûr, le rapport ne propose pas une abrogation des lois Pasqua-Debré, notamment sur l'entrée, le séjour des étrangers et la droit d'asile. Mais fallait-il defaire une fois encore la législation sur l'immigration pour qu'une autre majorité la récrive de A à Z demain ? Cycle infernal dont nous, étrangers sur le sol français, avons le plus cruellement souffert. Le mérite du rapport Weil consiste précisément à rompre avec des approches irréalistes et passionnelles du type « Ouvrons les frontières » ou « Régularisation pour tous », qui sont, à y regarder de près, symétriques du discours lepéniste bien connu : « Tous les étrangers à la porte ! » Sommer l'opinion de choisir entre ces deux seules pseudo-solutions aura empêché, pendant deux longues décennies, que ne s'instaure enfin un débat juste, efficace et utile sur ce sujet si sensible.

Or ce texte contre lequel s'élèvent les bonnes âmes de gauche et de droite — une première ! — amorce surtout, et c'est fort peu souligné par les observateurs distingués, une reconfiguration de la coopération de la France avec les pays exportateurs de main-d'œuvre. L'essentiel est bien là. Car il faut savoir que sur ce chapitre, et quelles qu'aient été les majorités politiques, il a fallu subir les discours lénifiants des cabinets ministériels, qui, sur la foi de notes simplistes de leur administration — particulièrement la Direction des populations et des migrations au ministère des Affaires sociales — ont sapé toute expérimentation innovante. Seule trouvait grâce à leurs yeux la formule de pacotille : « Mon brave, voilà 10 000 francs pour te réinstaller au pays et un billet retour ! » Un échec cuisant dès l'origine. Un échec répété avec entêtement. Ne restaient plus alors que les basses opérations de police, largement inefficaces et iniques, pour tenter de régler par la force ce que les intelligences subissaient.

La dynamique de cooperation nouvelle suggérée par Weil est certes élitiste, puisqu'elle concerne essentiellement les étudiants, les cadres, et les investisseurs étrangers, que la France, par aveuglement ou manque total d'ambition internationale, refoulait et que les Etats-Unis récupéraient. Une myopie tragique à l'heure de la mondialisation. Reste qu'il faut se féliciter que cette approche, défendue de longue date par nombre d'associations de développement dans les pays exportateurs de main-d'œuvre et par les immigrés de France, soit enfin validée. Une fenêtre est ouverte. Au travail !

Et pas à partir de rien. Je pense en premier lieu aux migrants des pays du fleuve Sénégal — Mali, Mauritanie, Sénégal — qui, depuis plus de quinze ans, ont su démontrer de façon pertinente le couplage possible entre immigration et développement. Par leur travail en France, ils ont financé la construction d'innombrables centres de santé, d'écoles, de systèmes d'adduction d'eau que leurs Etats, bloqués par les ajustements structurels exigés par la Banque mondiale, ne peuvent plus entreprendre. Et, ce faisant, ils rendaient possible le maintien au pays de dizaines de milliers de villageois qui, sans leurs aides, auraient été contraints à l'exode. Ainsi inventaient-ils, avant que l'arrêt officiel de l'immigration ne soit promulgué en France, en 1974, un mode migratoire original fait de va-et-vient entre le village et la France — où les membres d'une même famille se remplacent périodiquement sans s'installer dans la durée. En somme, ils fondaient, dans l'indifférence générale, des microprocédures de coopération alternatives aux réseaux institutionnels, France-Afrique, si souvent corrompus.

Cette stratégie de migration rotative des hommes du fleuve Sénégal permet en effet de limiter considérablement, sinon de supprimer, le regroupement familial, dont on mesure aujourd'hui encore — voir les familles de Vincennes ou de l'église Saint-Bernard — les conséquences désastreuses en termes d'intégration, de travail clandestin ou d'éducation des enfants. Doit-on continuer à taire cette réalité par manque de courage politique, au prétexte que le Front national se renforcerait ? Personne n'est dupe. L'immigration est « devant nous », avait dit Charles Pasqua. La réinvention de la coopération aussi. Avec les migrants.

Il ne tient qu'au gouvernement Jospin d'élargir la fenêtre ouverte par le rapport Weil. En instituant par exemple, dans le cadre de négociations bilatérales, un dispositif contractuel et expérimental de gestion alternée des flux migratoires entre la France et les pays du fleuve Sénégal. Dans la foulée, il serait souhaitable de créer une agence de développement du fleuve Sénégal, sous la tutelle du secrétariat d'Etat à Coopération, impliquant des entreprises. C'est en effet pour celles-ci un moyen de former des cadres locaux et d'élargir à court terme leurs marchés dans les domaines de l'énergie, des télécommunications ou des routes. Et c'est pour ces régions, aujourd'hui en pleine métamorphose, l'occasion de s'équiper et de se stabiliser. Si la France ne bouge pas, elle aura l'immigration non maîtrisée à domicile... sans les marchés africains que lui contestent déjà l'Afrique du Sud, le Canada ou d'autres pays européens.

C. Travail d'après-lecture

1. Résumons !

Donnez un résumé succinct du message contenu dans chacun des textes lus. Quelle est la position idéologique de l'auteur ? Quels sont les faits discutés ? Décrivez le ton adopté par l'auteur.

2. Exposons !

Quels sont les mots ou expressions utilisés par chaque auteur démontrant sa position idéologique ?

Lecture II : A vous de choisir !

En vous servant de toutes les ressources étudiées au long du chapitre, trouvez au moins un article récent sur le thème de l'immigration. Vous pouvez chercher par Internet, dans les revues politiques et actuelles et/ou dans les journaux quotidiens ou hebdomadaires. Faites une photocopie ou imprimez l'article, et apportez-le en classe. Soyez prêt(e) à en faire un résumé. Soyez également capable d'expliquer l'essentiel des arguments de l'article à un(e) camarade de classe.

Dialogues

A. Comparaison

Comparez les textes lus par la classe et le texte de votre choix. Analysez les elements suivants :

- Comparez les points de vue des auteurs. Comment sont-ils semblables ou différents ?
- Comparez les objectifs des articles. Comment sont-ils semblables ou différents ?
- Comparez les arguments des auteurs. Notez les différences dans leurs façons de s'exprimer et/ou de développer les grandes lignes de leurs arguments.

B. Position à prendre

Qu'en pensez-vous ? Donnez votre réaction à chacun de ces textes. Quelles prédispositions influencent la position de chaque auteur ? Etes-vous d'accord avec l'auteur ? Si non, faites une analyse des points forts et faibles dans l'argumentation de chaque auteur. Confrontez ces positions en proposant des arguments opposés.

C. Ecriture automatique

Imaginez que vous avez à rédiger une étude sur l'immigration aux Etats-Unis. Prenez cinq minutes pour écrire (sans arrêt) vos arguments sur le sujet en question. Ne vous inquiétez pas de fautes d'orthographe et de grammaire.

D. Exercice d'organisation

Révisez votre texte (votre brouillon) ; rayez les phrases répétitives ou sans importance. Mettez des chiffres à côté de vos phrases pour indiquer l'ordre dans lequel vous les organiserez. Ecrivez une phrase d'introduction qui résume votre position/opinion.

E. Travail de groupe

1. **Petites conversations.** Allez de camarade de classe à camarade de classe. Entamez une petite conversation pour identifier trois camarades de classe qui partagent la même opinion que vous sur l'immigration. Ensuite, écrivez une phrase d'introduction qui résume votre position/ opinion.

Vocabulaire utile : Quelques expressions pour vous exprimer lors d'un débat

Nous nous rapprochons...

Nous sommes d'accord sur ce point-ci, mais...

Je comprends parfaitement,... mais...

Contrairement à vous/cet argument, je/nous...

Ceci/Cela dit,...

Vous avez peut-être raison, mais...

A mon avis, il faut... / il est important/essentiel/nécessaire de/que...

A la différence de vous, moi, je...

De ce point de vue, je...

D'une optique (politique, sociale, conservatrice, libérale, etc.), on peut voir que...

Le problème, c'est que...

La solution, c'est que...

Oui, mais il ne suffit pas de..., mais il faut aussi...

D'un côté, on voit que..., mais de l'autre...

J'ajoute que...

Là, je suis d'accord. Je m'accorde à vous, à cette idée...

Je suis pour/contre...

Il s'agit de... /Il ne s'agit pas de...

Vocabulaire utile : Quelques expressions pour faire des concessions

Vu... *ou* Vu que...	(Vu le taux d'immigration, il faut dire que...)
Etant donné que...	(Etant donné la situation politique actuelle, on peut voir que...)
Il est vrai que...	(Il est vrai que les lois deviennent de plus en plus rigides, mais...)

N'oubliez pas que les expressions suivantes exigent le subjonctif.

Pourvu que...	(Pourvu que les lois soient approuvées, je serai pour...)
A condition que...	(A condition que les familles puissent se rejoindre, cette mesure peut réussir.)
Au moins que... (ne)	(Au moins qu'ils ne soient logés, je ne vois pas de problème...)

2. **Sessions de posters.** Pour cette activité, vous préparerez un poster pour une conférence internationale sur la population mondiale. A cette conference, vous devez jouer le rôle d'un partisan d'un des trois groupes suivants et exprimer la perspective (1) d'un groupe de l'extrême-droite, (2) d'un groupe de gauche libérale et (3) d'un immigré d'un pays en voie de développement (à choisir selon vos connaissances). Vous serez obligé(e) de faire des recherches afin de mieux présenter vos arguments. Par exemple : Quel est le taux actuel d'immigration ? Quels sont les pays d'immigration ou les pays d'origine des immigrants ? Quelle est la politique fédérale sur l'immigration ? Quelle est l'influence sur les infrastructures gouvernementales et sociales de l'immigration ? Vous pouvez imaginer le cas pour un pays francophone ou bien parler de votre propre pays, état, région, etc.

Vous pouvez également présenter les tableaux, les statistiques et les dessins sur vos posters.

Trois groupes d'étudiants (postés dans trois coins de la classe) présenteront leurs positions sur l'immigration. Choisissez un groupe et écoutez attentivement les arguments de ce groupe. Prenez des notes.

3. Mise en commun. Faites un rapport à la classe sur la position et les arguments du groupe que vous avez écoutés durant la session de poster. Exprimez vos réactions. Soutenez vos idées en répondant aux contre-arguments du groupe et de vos camarades de classe.

IV. PROBLÉMATISONS !

A. Rédaction individuelle

Rédigez un essai argumentatif selon vos notes prises en classe et votre écriture automatique. A cette étape, travaillez d'une façon indépendante.

Comme d'habitude, commencez par esquisser les grandes lignes de votre argument et une phrase de thèse. N'oubliez pas d'employer le vocabulaire étudié, et référez-vous à vos listes dans votre dossier.

B. Correction réciproque

Apportez deux exemplaires de votre essai en classe. Echangez un exemplaire avec un(e) camarade de classe. Avant de lire l'essai de votre camarade, suivez les guides proposés dans le **Comment faire ?** dans l'Appendice 1 pour faire des corrections réciproques. Attention : Une correction suggérée par votre camarade n'est pas forcément correcte. Soyez vigilant(e) et vérifiez tout vous-même. Rejetez toute correction ou suggestion que vous jugez incorrecte ou inappropriée.

C. Remise en question

1. Faites une liste des suggestions et critiques faites par votre camarade de classe. Consultez un dictionnaire ou un manuel de grammaire pour confirmer ou rejeter les suggestions ou critiques. Décidez si vous corrigez les éléments critiqués ; si non, soyez prêt(e) à expliquer pourquoi vous avez décidé ainsi.

2. Ensuite, relisez votre essai et remettez en question votre position sur le sujet : quelles sont les limites de votre position, de votre perspective sur l'immigration ? Acceptez-vous ces limites ou insuffisances ? Si non, quel plan d'action envisagez-vous pour pallier à ces limites ? Quels changements anticipez-vous voir dans vos attitudes, convictions et pratiques relatives à l'immigration ? Incorporez les fruits de votre réflexion dans votre essai.

D. Travail de révision

Hors de la classe, corrigez votre essai selon les indications données par votre camarade de classe. Attention : Une correction suggérée par l'autre étudiant(e) n'est pas forcément correcte. Soyez vigilant(e) et vérifiez tout vous-même ! Votre professeur corrigera votre essai, en vous donnant la possibilité de le réviser encore une fois si nécessaire.

E. Travail collaboratif

Vous écrivez un essai collaboratif qui reflète les idées du groupe entier. Afin de le faire, commencez par établir le plan, et suivez les indications suivantes :

1. Décidez d'abord la thèse ou l'argument de l'essai. Ecrivez collaborativement un paragraphe d'introduction.

2. Ensuite, divisez-vous en petits groupes et rédigez un paragraphe qui traite d'un seul argument de cet essai collaboratif.

3. Ecrivez, comme groupe, une phrase d'introduction ; donnez deux ou trois exemples et/ou détails qui soutiennent votre thèse, et ensuite écrivez une phrase de conclusion à votre paragraphe.

4. Présentez votre paragraphe à la classe entière et insérez-le dans l'essai.

5. De nouveau comme classe entière, lisez l'essai collaboratif. Décidez si les phrases de transitions sont toujours à propos : si non, corrigez-les. Ajoutez les arguments et/ou les détails qui manquent.

6. Ecrivez un paragraphe de conclusion. Corrigez les phrases pour l'exactitude, si nécessaire.

Appendice 1

Comment faire ?

Quand faut-il chercher dans le dictionnaire ?

Comment décidez-vous s'il faut chercher un mot dans le dictionnaire ? Afin de décider, il faut regarder les stratégies de lecture présentées dans le **Comment lire un texte en langue étrangère ?** Dans cette partie, nous expliquons que l'acte d'arrêter votre lecture pour chercher dans le dictionnaire risque de vous faire perdre le fil du texte. Il vaut mieux lire jusqu'à la fin, en marquant les mots inconnus dans le texte. Ensuite, après avoir établi un contexte cohérent pour le texte, essayez de deviner un sens logique pour chaque mot mystérieux. Où ceci n'est pas possible, il faut avoir recours à un bon dictionnaire, monolingue de préférence. Quoique cette stratégie fonctionne bien la plupart du temps, il y aura certains moments où il faut chercher tout de suite un mot inconnu :

- si le mot se trouve dans le titre ou sous-titre de l'article ;
- si le mot se présente comme un mot clé à la compréhension du texte ;
- si le mot se répète dans l'introduction et au long de l'article ;
- si le mot fait référence à une allusion, une métaphore que vous ne comprenez pas qui semble expliquer un rapport essentiel dans le texte.

Attendez avant de chercher :

- si le mot n'apparaît qu'une seule fois dans le texte ;
- si vous pouvez deviner un sens probable ou logique d'après le contexte ;
- si vous connaissez la racine, le préfixe, le suffixe ou autre indice pour deviner le sens du mot ;
- si le mot fait référence à quelqu'un/quelque chose qui n'empêche pas votre compréhension globale.

Comment consulter un dictionnaire bilingue

Afin de vous assurer de l'emploi juste des mots, cherchez-les dans un bon dictionnaire bilingue (français–votre langue maternelle). Commencez par chercher le mot en français si vous avez une notion de l'expression française. Si non, trouvez-le du côté langue maternelle de votre dictionnaire et ensuite, trouvez le mot indiqué dans le côté français. Attention : dès que vous aurez trouvé l'expression française de votre idée, vérifiez bien ce mot trouvé en cherchant ce même mot dans le dictionnaire du côté français.

Maintenant que vous avez une définition en français, vérifiez bien que le mot que vous avez choisi correspond au niveau de la partie du discours (nom à nom, verbe à verbe, adjectif à adjectif, etc.).

Ensuite, vérifiez l'emploi du mot, en lisant les exemples donnés du mot en contexte. Décidez si le mot trouvé est bien celui que vous désirez.

Maintenant, vous êtes prêt(e) à insérer les mots trouvés et bien vérifiés dans vos listes.

Comment consulter un dictionnaire monolingue

Comme les dictionnaires bilingues, un bon dictionnaire monolingue devrait vous offrir un choix de sens et d'exemples du mot employé en contexte. Il faudrait toujours vérifier bien la partie du discours (nom à nom, verbe à verbe, adjectif à adjectif, etc.) du mot que vous cherchez. Examinez l'emploi du mot, en lisant les exemples donnés du mot en contexte. Souvent, des exemples tirés de la littérature classique vous fournissent des modèles sûrs à suivre. Notez également les différentes nuances évoquées par les exemples. Si le dictionnaire vous propose des synonymes, suivez la piste afin de vous assurer de votre choix. Surtout, considérez le dictionnaire comme votre meilleur outil, destiné à vous aider à vous exprimer avec clarté et précision.

Comment trouver des magazines, des revues et des journaux actuels ?

Si vous ne connaissez pas bien le magazine *L'Express*, vous serez peut-être intéressé(e) à le voir. Afin de le feuilleter, il faudrait en trouver un numéro. Pour commencer, demandez à votre professeur si la bibliothèque s'abonne aux magazines ou aux autres périodiques : des quotidiens, des hebdomadaires, des mensuels, des trimestriels, etc. Ensuite, rendez-vous à la bibliothèque et cherchez dans la base de données du catalogue les titres que vous connaissez ; essayez, par exemple, ceux que vous avez déjà vus dans le chapitre 1. N'oubliez pas que vous pouvez également demander aux libraires de votre ville. Dans le magazine, vous trouvez souvent des cartes d'abonnement : si l'idée de le recevoir à la maison vous intéresse, vous pouvez vous abonner directement au magazine. Mais attention, certains risquent d'être chers !

Comment choisir des textes sur Internet : c'est qui la source ?

L'avantage le plus important d'Internet est en même temps son plus grand inconvénient : c'est le fait que tout le monde, et n'importe qui, peut se faire publier en créant une page de toile. A la différence d'un magazine qui emploie un éditeur-en-chef pour décider ce qui est publié, Internet n'impose pas de contrôles. Cette absence d'éditeur implique une absence de vérification de la qualité, de l'exactitude et de la validité de ce qui se trouve aux sites. De la même manière, les magazines sont en général connus pour leurs positions politiques (de gauche ou de droite), tandis qu'une page d'Internet n'est pas obligée de vous annoncer ces préjugés ni ces points de départ philosophiques. D'autant plus, là où les magazines sont obligés de vous révéler leurs conflits d'intérêt, ceux qui se publient par Internet ne le sont pas. Ceci dit, il faut admettre que certains sites adhèrent aux même conventions que les grands organismes de presse, mais d'autres pas. Le défi pour vous, en tant qu'internaute, c'est de bien choisir les sites et les pages crédibles. Mais comment faire ? D'abord, vérifiez la source du site. Si vous connaissez l'organisme, vous pouvez décider si vous lui faites confiance. Si vous constatez que l'auteur est un individu, il vous sera intéressant de poser les questions suivantes :

- D'où vient-il ?
- Comment se veut-il un expert sur le sujet ?
- Se lie-t-il à un organisme connu et respecté ?
- Y a-t-il des indices qui suggèrent son point de départ philosophique ?

Cependant, il faut admettre que quelquefois ces informations ne sont pas toujours évidentes. Dans ce cas, il vaut mieux lire bien de près ce qui est présenté au site. Posez-vous des questions sceptiques : quel est le but des textes présentés au site ? Quel est le but de l'auteur pour les textes ? Quel est le ton et/ou le point de vue de l'auteur ? Indique-t-il les sources des références dans son propre texte : y a-t-il des notes de références ? D'où viennent ses informations ? En fin de compte, c'est à vous décider si vous voulez accepter les informations comme offertes, mais prenez la décision la mieux informée possible. Mais, attention : soyez sceptique sur Internet. Il n'est pas toujours clair qui présente quoi et pour quel but !

Comment lire un texte en langue étrangère

1. *Avant la lecture :* Avant de commencer de lire un texte quelconque, il faut prendre en compte la mise en page du texte. Par exemple, si vous lisez un article journalistique, remarquez bien les titres et les photos ou les dessins qui se présentent avec l'article. Ils sont là pour vous aider à vous orienter et pour vous offrir plus d'informations sur le sujet de l'article. Souvent, même avant de lire, vous pouvez former une idée claire de l'article en bien notant les aides accompagnant le texte.

2. *En lisant :* Lisez jusqu'à la fin du texte. Ne vous arrêtez pas : surtout pas pour chercher un mot inconnu dans le dictionnaire ! Si vous vous interrompez, vous risquez de perdre le fil de la lecture et de rendre plus difficile votre compréhension du texte. Et si vous en avez besoin, soulignez ou mettez une croix à côté des mots mystérieux. Mettez les points d'interrogation où vous avez une question de compréhension.

3. *A la fin du texte :* Revenez aux problèmes dans le texte. Cherchez les mots inconnus dans un bon dictionnaire français. Vérifiez bien que la définition que vous choisissez correspond bien au contexte spécifique du texte. Vérifiez que vous choisissez la définition du mot selon sa fonction dans la phrase. Par exemple : prenez la définition d'un verbe s'il agit d'un verbe, et celle d'un adverbe s'il agit d'un adverbe. Comparez la définition prise du dictionnaire au sens de la phrase. Recherchez dans le dictionnaire les mots ou expressions dont vous n'êtes toujours pas sûr(e).

4. *Encore une lecture :* Relisez le texte, avec les définitions des mots que vous avez cherchés. Essayez de construire un sens global et logique du texte. Sans répéter les mots du texte, faites un résumé de ce que vous avez compris.

Comment observer une carte démographique

Une carte démographique contient beaucoup d'information. Une partie de cette information, directement indiquée dans la carte, est relativement facile à identifier. Par exemple, une carte démographique laisse généralement apparaître les différences dans la répartition de la population d'une région à une autre région du pays. On peut ainsi facilement identifier les régions les plus et les moins peuplées.

Certains renseignements contenus dans la carte doivent être générés indirectement par déduction, par exemple, l'observation d'un lien entre la géographie physique et la géographie économique ou l'explication des causes et conséquences de la répartition de la population.

Lire les graphiques et figures

Certaines connaissances sont nécessaires pour lire les graphiques et figures démographiques. Par exemple, un graphique sur l'évolution de la population est construit en utilisant des informations telles que :

- La croissance naturelle : La différence entre la natalité (nombre de personnes nées en une année) et la mortalité (nombre de personnes mortes en une année).
- Les chiffres : Observez attentivement les chiffres sur l'évolution. Une hausse constante des chiffres indique que la natalité est supérieure à la mortalité.
- La courbe : Comment se présente la courbe dans le graphique. Si la courbe monte doucement, la population augmente lentement ; si la courbe se redresse, la population augmente rapidement ; lorsqu'elle descend, la population diminue. Souvent vous aurez à recourir à vos connaissances historiques et économiques pour expliquer les hausses et baisses de la courbe.

Comment préparer un entretien ?

Quelquefois les ressources de la bibliothèque et même d'Internet ne peuvent vous fournir les informations voulues pour une enquête ou un projet de recherche. Dans ce cas, vous pouvez peut-être profiter de l'expérience des gens de votre communauté. L'entretien avec un expert sur un sujet est une source d'information souvent plus accessible et sûrement plus intime ou personnalisée. Mais avant de faire un entretien, vous devez vous préparer sur le sujet afin de poser des questions utiles et intelligentes.

- Faites le maximum de recherches possibles à votre bibliothèque et sur Internet.
- A partir de vos premières recherches, identifiez ce que vous ne pouvez pas trouver vous-même.
- Ensuite, posez vos questions en relation des informations connues, ce qui montre à votre expert que vous avez un certain minimum de connaissances et que vous posez des questions intelligentes.

- Pensez à comment vous collectionnerez le contenu de l'entretien : enregistrer sur cassette, prendre des notes sur l'ordinateur, à la main ? Vous voudriez noter des citations à inclure dans votre rapport.
- Pensez aussi à ce que vous ferez pour remercier la personne qui permet un entretien.

Comment construire un essai

Afin de bien présenter votre argument, il faut avertir votre lecteur de ce que vous présenterez dans l'essai. Lorsque vous parlez d'un texte particulier, il vaut mieux établir l'auteur, le titre et souvent la date de publication dans le premier paragraphe.

Egalement, il faut articuler la thèse ou l'argument principal de l'essai.

Voici certaines expressions typiques d'introduction en français

Nul ne peut nier (le fait) que...

On s'accorde à dire/accepter...

Aujourd'hui tout le monde s'accorde à dire que...

Nombreux sont ceux qui (s'accordent)...

Il convient donc d'examiner, d'étudier (le rôle...)

On ne peut nier le fait que le/la...

Presque chaque jour/semaine/mois/année, on trouve dans la presse des articles qui...

Aujourd'hui il est important de (voir que... ; parler de... ; discuter des... ; faire face à...)

Le problème se résume donc à ceci : ...

Un problème dont il est souvent question est celui de...

Dans l'article/le texte, il s'agit de...

**il doit être le sujet du verbe *s'agir* : c'est une expression figée — toujours ! — comme *il faut.*

[adapté du dictionnaire français–anglais de Harper-Collins-Robert, cinquième édition, 1998]

Pour commencer un développement, présenter une thèse

La première constatation qui s'impose, c'est que...

Prenons comme point de départ le...

Il serait utile d'examiner le...

En premier lieu, il convient d'examiner/examinons...

Il faut tout d'abord reconnaître/admettre que...

La première question qui se pose, c'est de [infinitif]...

Un deuxième paragraphe ou l'autre côté de l'argument (une antithèse)

Considérons maintenant le...

Il est nécessaire d'aborder le sujet/la question de...

Tournons-nous vers la question de...

La deuxième raison pour [infinitif] accepter cette position est...

Il serait intéressant de voir aussi si...

Il est raisonnable de penser que...

Un deuxième argument consiste à dire que...

Il faut néanmoins reconnaître/considérer...

Nous devons nous demander également si...

D'un autre côté, on remarque que...

Il se peut que le contraire soit vrai.

Mais en fait, il serait plus juste de dire que...

Ce qui nous intéresse ici c'est l'idée que... / n'est pas cette question-là, mais plutôt que...

[adapté du dictionnaire français–anglais de Harper-Collins-Robert, cinquième édition, 1998]

Pour organiser l'argument

De même que le... [toute une phrase], de même le... [les deux sujets doivent être parallèles]

D'ailleurs	De toute façon,	A ce propos
Bref,	En un mot,	De plus
Par ailleurs	Encore	Ajoutons à cela,
En ce qui concerne	Pour ce qui est...	Quant aux...
A mon avis	Selon moi	D'après moi
Ensuite,	Il faut aussi voir...	Finalement,

Introduire un exemple

Par exemple...

Prenons le cas de...

L'un des exemples les plus frappants se trouve à/dans...

Pour souligner le problème...

Un exemple qui met en lumière la question de... est le suivant :

Pour souligner un argument

Il est clair que [indicatif]...

Il faut insister sur le fait que...

N'oublions pas que...

Non seulement... mais aussi...

Ce qui est important à voir c'est que...

Il est évident que...

... est tout à fait convaincant

[adapté du dictionnaire français–anglais de Harper-Collins-Robert, cinquième édition, 1998]

Comment conclure un essai

Pour ces raisons, donc, on peut voir que...

En guise de conclusion, on peut dire que...

Il convient de dire en dernière mesure que...

Autrement dit, ce sont... c'est...

En guise de conclusion, on peut dire/affirmer que...

Il semble donc que...

Il résulte de tout ceci que...

D'après ce qui précède, il semble que...

En définitive,...

De toute façon,...

Ainsi, il apparaît que...

Les (choses) dont il a été question ci-dessus prouvent/démontrent que...

[adapté du dictionnaire français–anglais de Harper-Collins-Robert, cinquième édition, 1998]

La correction réciproque

Avec un(e) camarade de classe, lisez à haute voix votre propre texte au sujet de la technologie. L'autre étudiant(e) vous écoutera avec attention. C'est l'occasion de vous corriger vous-même si vous trouvez une erreur. Ensuite, changez de rôles : l'autre étudiant(e) lit son texte à haute voix. Pendant que vous écoutez le texte de l'autre, notez les moments où vous avez des questions à poser. Notez également les différences et les similitudes entre vos textes.

1. Echangez vos copies. Prenez cinq minutes pour faire une lecture intensive et silencieuse du texte de l'autre. Lisez le texte une fois jusqu'à la fin. Revenez au texte une deuxième fois, en cherchant les éléments suivants :

   a. Trouvez la phrase principale qui exprime la thèse de l'essai et mettez des accolades, { }, autour de cette phrase.

   b. Identifiez une phrase d'introduction à chaque paragraphe et encadrez cette phrase, [ ].

   c. Trouvez et indiquez la phrase de conclusion au texte, en mettant des parenthèses, ( ), autour de la phrase.

   d. Soulignez tous les mots et/ou les expressions qui expriment le rapport entre deux idées, phrases ou paragraphes.

   e. En bas de la page et sur la copie de l'autre étudiant(e), écrivez une phrase qui résume le texte.

   f. Identifiez les points forts et les points faibles du texte. Indiquez les points à développer, les détails à éliminer, les questions à résoudre.

2. Pendant une dernière lecture, visez l'exactitude de l'écriture de l'autre. Marquez sur la feuille les questions grammaticales que vous avez sur le texte. Encerclez tout mot ou toute expression que vous ne comprenez pas. Utilisez un code de correction afin d'indiquer les problèmes à corriger.

Appendice 2

Rappel

RAPPEL : Le Subjonctif

Formation

Laissez tomber la terminaison *-ent* de la troisième personne du pluriel (*ils/elles*) du verbe au présent indicatif. Ensuite, ajoutez les terminaisons du subjonctif : *-e, -es, -e, -ions, -iez, -ent.*

Exceptions :		
aller	que j'aille	que nous allions
avoir	que j'aie	que nous ayons
croire	que je croie	que nous croyions
devoir	que je doive	que nous devions
être	que je sois	que nous soyons
faire	que je fasse	que nous fassions
pouvoir	que je puisse	que nous puissions
prendre	que je prenne	que nous prenions
recevoir	que je reçoive	que nous recevions
venir	que je vienne	que nous venions
voir	que je voie	que nous voyions
vouloir	que je veuille	que nous voulions

Emploi

Employez le subjonctif
après certaines expressions impersonnelles pour exprimer :

       la nécessité

       la possibilité

       un sentiment autre que la certitude

après certains verbes ou locutions verbales pour exprimer :

       la volonté

       le doute

       un sentiment autre que la certitude

après *être* + un adjectif pour exprimer un sentiment autre que la certitude :

       content, triste, heureux, étonné, ravi, fâché, désolé, honteux, etc.

après certaines conjonctions qui expriment :

       le temps : *avant que, en attendant que, jusqu'à ce que*

       le but : *pour que, afin que, de peur que, de crainte que*

       la concession : *quoique, bien que, malgré que*

       la conséquence : *sans que, de sorte que, de manière que*

       le lieu : *où que*

Pour éviter le subjonctif : employez l'infinitif

Rappel : Le Conditionnel

1. Le conditionnel se forme en ajoutant les terminaisons suivantes :

   -ais   *-ions*

   -ais   *-iez*

   -ait   *-aient*

   aux même racines employées au temps futur.

2. L'emploi du conditionnel s'effectue pour exprimer une hypothèse ou une supposition, et d'après son nom, indique certaines conditions sous lesquelles une action serait possible.

3. Rappelez-vous que dans les propositions commençant par *si*, le conditionnel s'emploie en concordance à l'imparfait :

   Si j'avais du temps libre, j'y irais.

   Et au passé :

   Si j'avais su, je serais venu plutôt.

Rappel : La Négation

N'oubliez pas que le verbe seul porte la négation (autrement dit : les mots de négation entourent le verbe conjugué dans une phrase).

Exemple :   Le traitement ne peut pas guérir le patient.

Le traitement n'a pas guéri le patient.

Le traitement ne guérit pas le patient.

Le traitement ne va pas guérir le patient.

Rappelez-vous que les mots *point, plus, jamais* et *guère* s'emploient selon les mêmes règles que le mot *pas*.

Exemple :   Le traitement n'a point guéri le patient.

Le patient n'a guère souffert.

Le traitement n'est plus efficace.

Le patient n'a jamais eu cette maladie.

Certains mots de négation peuvent s'employer comme le sujet ou le complément d'objet direct dans la phrase.

Exemple :   On ne peut rien faire.   Rien n'est possible.
              Personne ne peut aider.   On ne peut trouver personne.
              Nul ne connaît la cause.

Certains mots s'agissent comme des adjectifs et s'accordent au substantif.

Exemple :   Aucun traitement n'est possible.
              Aucune bactérie ne peut survivra ce traitement.
              On ne connaît nul traitement.

Rappelez-vous que l'expression *ne... ni... ni...* s'emploie pour rendre négatifs des choix.

Exemple :   *On ne peut ni guérir ni sauver la victime.*

Avec les articles :
Là où on a :   On prend des médicaments et de la radiothérapie.
La négation est :   On ne prend ni médicaments ni radiothérapie.
A la différence de :   On a les médicaments et la radiothérapie.
La négation est :   On n'a ni les médicaments ni la radiothérapie.

Rappel : avec le verbe *pouvoir,* le *ne* peut suffire comme négation.

Exemple :   *On ne peut le comprendre.*

Rappel : Ce qui, ce que, ce dont, ce à quoi

Les pronoms *ce que, ce qui, ce dont* et *ce à quoi* s'emploient selon les même règles que les pronoms relatifs *que, qui, dont* et *lequel/laquelle/lesquels/lesquelles*. Mais, rappelez-vous que l'antécédent *ce* précède les pronoms relatifs dans les cas suivants :

1. Là où l'antécédent n'est pas précisé avant la deuxième proposition (Dans ces cas-ci, la précision suit la première proposition).

    Exemple :   Ce que je veux, c'est de trouver un remède à cette maladie.

                  Ce qui lui intéresse, c'est de trouver un remède à cette maladie.

                  Ce dont il a besoin, c'est un remède à cette maladie.

                  Ce à quoi il s'attendait, c'est un remède à cette maladie.

2. Là où le *ce* se réfère à une idée (une personne, une chose, même toute une phrase) mentionnée plus haut et entendue par l'interlocuteur.

    Exemple :   **Les résultats montrent que la bactérie semble réagir à ce traitement,** ce qui est une découverte importante. [toute la phrase]

La recherche a fait avancer notre entendement de la progression de cette maladie, ce dont les chercheurs ont besoin depuis des années. [toute l'idée]

Ou là où l'antécédent est évident à l'interlocuteur mais pas mentionné (présent ou visible, au lieu d'être mentionné).

Exemple : Prends ce que tu as déjà. [où on peut voir les médicaments sur la table]

Prenez ce qui est là. [où on peut voir les médicaments déjà présents]

3. Là où l'antécédent est abstrait.

Exemple : Faites ce qui vous intéresse.

Prenez ce dont vous avez besoin.

Donnez ce que vous avez.

Rappel : Les Propositions « si »

Lorsque vous voudrez exprimer la condition sous laquelle une chose puisse se réaliser, il faudra suivre le système suivant :

dans la première proposition	*dans la seconde proposition*
Si + verbe au présent	verbe au présent, à l'impératif ou au futur

Exemple : Si la loi s'y applique, les parcs seront protégés.
Si la loi ne s'y applique pas, allez vous manifester !
Si la loi s'y applique, la société gagne.

Si + verbe à l'imparfait	verbe au conditionnel

Exemple : Si la loi s'y appliquait, la société gagnerait.

Si + verbe au plus-que-parfait	verbe au conditionnel passé

Exemple : Si la loi s'y était appliquée, la société aurait gagné.

Rappel : Le Comparatif et le superlatif

Afin de bien comparer les articles lus, notez l'emploi des structures suivantes.

1. Pour comparer les adjectifs :

Exemple : Cet article est plus (moins, aussi) intéressant que l'autre.

Celui-ci est plus intéressant que celui-là.

Cet article est plus facile à comprendre que l'autre.

[Mais : Il est plus facile de comprendre cet article.]

Cet article est meilleur (pire) que celui-là.

2. Pour indiquer le superlatif, avec des adjectifs :

Exemple :   C'est l'article le plus (moins) intéressant de ceux-là.

Cet article est le plus (moins) intéressant de tous les autres.

Celui-ci est le meilleur (le pire).

3. Pour comparer avec des adverbes :

Exemple :   J'ai lu cet article plus attentivement que l'autre.

J'ai lu cet article moins (aussi) vite que l'autre.

4. Pour comparer des noms ou substantifs :

Exemple :   J'ai trouvé plus d'articles sur le sujet que l'autre étudiant.

J'ai trouvé moins d'informations sur le sujet que les autres.

J'ai trouvé autant de documents sur la question.

Lectures supplémentaires

Chapitre 1

« Des Créateurs virtuelles guident les « surfeurs » d'Internet », *Le Monde* le 21 mars 1998

« A quoi sert Internet si on ne peut pas y acheter un billet de train ? », *Le Monde* le 14 mars 1998

« Malades d'Internet », *L'Express* le 28 mai 1998

« Nouvelle Menace américaine », *L'Express* le 1 janvier 1998

« La Main américaine tisse la Toile d'Internet », *Le Monde* le 19 mai 1997

Chapitre 2

« Des Américaines très, très sportives », *L'Express* le 21 mai 1998

« La Loi sur le harcèlement aux Etats-Unis s'applique entre personnes du même sexe », *Le Monde* le 14 mars 1998

« Les Initiatives étonnantes de Khatami », *L'Evénement du jeudi* le 15–21 janvier 1998

Chapitre 3

« Polly, brebis clonée, est dotée d'un gène humain », *Le Monde* le 2 août 1997

« 500 000 personnes ignorant être infectées par le virus de l'hépatite C », *Le Monde* le 28 juin 1997

Chapitre 4

« Au Japon, la vignette poubelle », *L'Express* le 1 janvier 1998

« L'Allemagne les voit de toutes les couleurs », *L'Express* le 1 janvier 1998

Chapitre 5

« Les Françaises plus fertiles », *L'Express* le 4 fevrier 1999

Chapitre 6

« Droit d'asile : Le Compte-gouttes français », *L'Express* le 2 octobre 1997

« Naturalisation : Le Candidat type », *L'Express* le 1 avril 1999

« Les Sans-papiers du foot », *L'Express* le 9 septembre 1999

Jean-Baptiste Meyer (1999). « Expatriation des competences africaines », *Afrique Contemporaine,* no. 190

Photo Credits

Literary Credits